示范性职业教育重点规划教材
职业技术教育以任务为驱动理实一体化教学"十三五"规划丛书

电力机车牵引与传动控制系统检修与维护

主编◉罗 闯
主审◉阳宗英 郑全才

西南交通大学出版社
·成都·

图书在版编目（CIP）数据

电力机车牵引与传动控制系统检修与维护 / 罗闯主编. —成都：西南交通大学出版社，2016.7（2023.1 重印）
（职业技术教育以任务为驱动理实一体化教学"十三五"规划丛书）
示范性职业教育重点规划教材
ISBN 978-7-5643-4809-0

Ⅰ.①电… Ⅱ.①罗… Ⅲ.①电力机车–电力传动控制设备–检修–高等职业教育–教材 Ⅳ.①U264.3

中国版本图书馆 CIP 数据核字（2016）第 165284 号

示范性职业教育重点规划教材
职业技术教育以任务为驱动理实一体化教学"十三五"规划丛书

电力机车牵引与传动控制系统检修与维护
主编 罗 闯

责 任 编 辑	李 伟
特 邀 编 辑	张芬红
封 面 设 计	何东琳设计工作室
出 版 发 行	西南交通大学出版社 （四川省成都市二环路北一段 111 号 西南交通大学创新大厦 21 楼）
发行部电话	028-87600564 028-87600533
邮 政 编 码	610031
网 址	http://www.xnjdcbs.com
印 刷	成都中永印务有限责任公司
成 品 尺 寸	185 mm × 260 mm
印 张	7.25
字 数	168 千
版 次	2016 年 7 月第 1 版
印 次	2023 年 1 月第 2 次
书 号	ISBN 978-7-5643-4809-0
定 价	22.00 元

课件咨询电话：028-87600533
图书如有印装质量问题 本社负责退换
版权所有 盗版必究 举报电话：028-87600562

贵阳职业技术学院教材编写委员会名单

主 任　杨彦峰　陈贵蜀

副主任　杨　献　刘路明　秦祖豪　吴学玲
　　　　陈开明　张正保　代　琼

委 员　熊光奎　彭明生　宋　波　胡　然
　　　　刘裕红　陈　健　彭再兴　李明龙
　　　　陈桂莲　冯钰雯　倪　伟　凌泽生
　　　　杨兴国　张书凤　王　鑫

前　言

本教材以项目教学为特色，内容循序渐进，融理论知识、实践技能、应用环境为一体，以韶山3型4000电力机车为例，把每一个教学项目的内容构建成相对独立的模块。模块的筛选和组织均以工作过程的典型任务为载体，模拟真实的环境进行教学，强化专业能力与非专业能力训练。

本教材主要有以下特点：

（1）教材内容针对铁道机车车辆专业电力机车检修与运用两大主要就业岗位，实现相应典型工作任务应具备的知识和技能。

（2）教材内容与本专业职业资格标准相一致。

（3）在职教专家的指导下，教材采用标准化编写方法，在内容安排和组织形式上进行了新的尝试，为实施"做、学、教"一体化的教学奠定基础。

（4）通过企业调研，邀请企业的工程师、高级技师、技师等一线专家参与教材的编写，使教材更贴近生产实际。

本教材共有5个项目，由贵阳职业技术学院罗闯担任主编。参加本书编写工作的有：贵阳职业技术学院何旭东（项目一）、方万鼎（项目二）、张吉婷（项目三）、马进先（项目四）、罗闯（项目五）；刘畅、郭雷、门柯平、王宝泉负责本书的图片处理工作。

另外，成都铁路局贵阳机务段阳宗英从企业的角度对教材进行了审核，贵阳职业技术学院郑全才从教学实施的可行性角度对教材进行了审核。

本教材在编写过程中，得到了成都铁路局贵阳机务段的大力支持，在此表示衷心感谢。

由于编者水平有限，书中难免存在不妥之处，敬请读者批评指正。

编　者

2016年3月

目 录

项目一　绘制主电路/1

项目二　绘制辅助电路/17

项目三　绘制保护、整备控制电路/32

项目四　绘制调速控制电路/55

项目五　韶山3型4000系电力机车常见故障的判断与检修/66

　　学习任务一　主电路接地故障/66

　　学习任务二　主电路次边短路故障/71

　　学习任务三　原边过流故障/75

　　学习任务四　主断路器灭弧瓷瓶炸裂故障/78

　　学习任务五　劈相机启动故障/82

　　学习任务六　辅助电路接地故障/88

　　学习任务七　辅助过流故障/92

　　学习任务八　机车零压保护动作跳主断路器故障/95

　　学习任务九　受电弓升弓故障/99

　　学习任务十　主断路器合闸故障/103

参考文献/107

项目一 绘制主电路

一、项目任务及要求

掌握韶山 3 型 4000 系电力机车主电路的电路原理；绘制主电路图。

时间要求：18 课时。

质量要求：电气图是特殊的专业技术图，它除了遵守国家标准局颁布的《电气工程 CAD 制图规则》(GB/T 18135—2008)、《电气简图用图形符号》(GB/T 4728.6—2008)、《工业系统、装置与设备以及工业产品结构原则与参照代号》(GB/T 5094.3—2005)、《技术产品及技术产品文件结构原则》(GB/T 20939—2007)的标准外，还要遵守"机械制图""建筑制图"等方面的相关规定，所以要求制图人员必须掌握基本规则。

安全要求：严格按照教室安全管理制度进行项目作业。

文明要求：认真按照教室 5S 管理办法进行项目作业。

环保要求：自觉按照教室 5S 管理要求进行项目作业。

二、项目分析

（一）项目任务理论

（1）调压方式：主变压器低压侧晶闸管不等分三段半控桥式相控调压。

（2）整流方式：采用双拍全波桥式整流电路。

（3）供电方式：机车牵引工况时各转向架的牵引电动机为并联状态。

（4）电阻制动：机车制动工况时 6 台牵引电动机各自接成他励发电机状态，励磁电路由 6 台主极全串联和励磁硅整流装置构成。

（5）保护形式：有短路、过流、过载、过电压、接地保护等多种功能装置。

（二）任务分析

韶山 3 型 4000 系电力机车属于交-直型电力机车，其工作原理如图 1-1 所示。

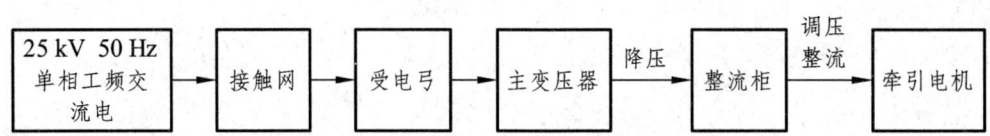

图 1-1 韶山 3 型 4000 系电力机车主电路工作原理

其主电路主要由受电弓、主断路器、高压电流互感器、主变压器、硅整流装置、牵引电机、高压电器柜、平波电抗器、制动电阻柜及电路保护装置等组成,是产生机车牵引力和制动力的主体电路。主电路按电压级可分为网侧高压电路、调压整流电路和牵引制动电路。本次任务的主要内容就是要依次画出网侧高压电路、调压整流电路、牵引电路、制动电路和机车入库电路。

三、任务实施路径与步骤

(一)任务路径

任务路径见图 1-2。

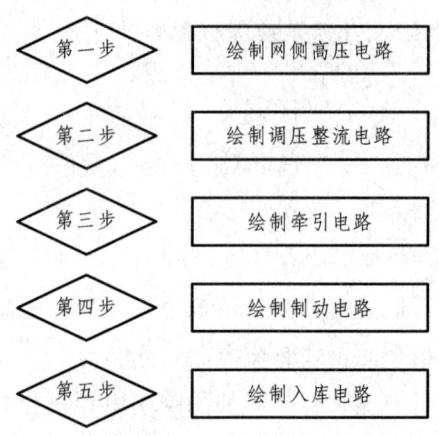

图 1-2 任务路径

(二)任务步骤

步骤一:绘制网侧高压电路(见图 1-3)。
网侧高压电路部分元件的符号、名称和作用如表 1-1 所示。

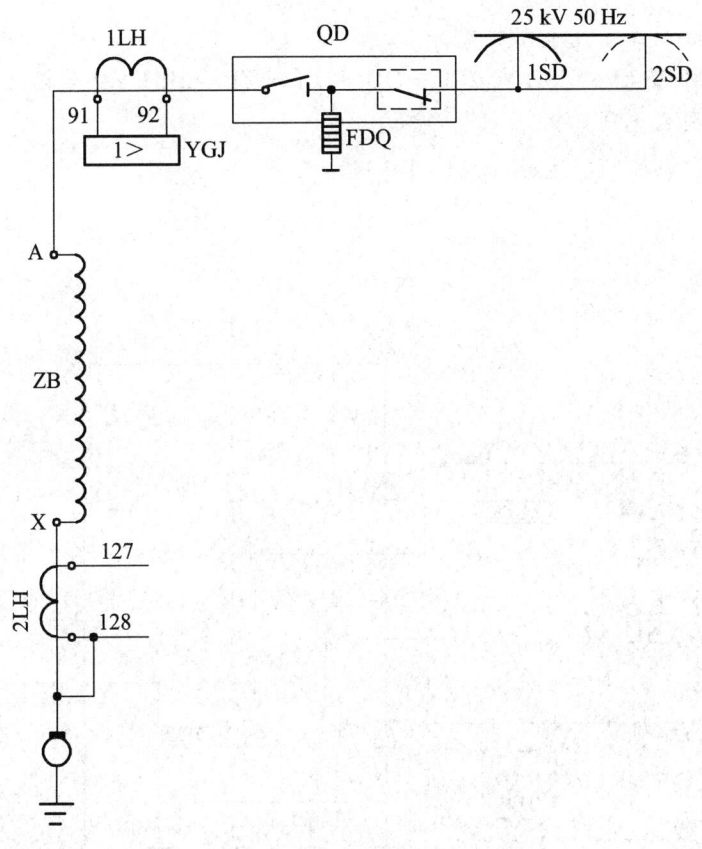

图 1-3 网侧高压电路

表 1-1 网侧高压电路部分元件的符号、名称和作用

文字符号	名 称	作 用
SD	受电弓	从接触网取得电源
QD	主断路器	机车总开关和总保护
FDQ	避雷器	防止大气过电压
1LH	高压电流互感器	一次侧电流测量
YGJ	网侧过流继电器	原边过流保护
ZB	主变压器	交流 25 kV 网压降为机车适用的电压

理论链接 1：网侧高压电路的原理分析。

单相工频 25 kV 交流电源从接触网导线经受电弓送入机车。高压电路电流经受电弓 1SD 或 2SD 送入机车。高压电路电流由受电弓经主断路器 QD、高压互感器 1LH 送至变压器 ZB 边的原边绕组 A-X，经低压电流互感器 2LH 后接向车体，再经机车接地装置到车轮，通过钢轨下回流线向牵引变电所回流。

线路：接触网 25 kV→1SD 或 2SD→QD→1LH→ZB→2LH→机车接地装置→车轮→钢轨下回流线→牵引变电所。

步骤二：绘制调压整流电路（见图1-4）。

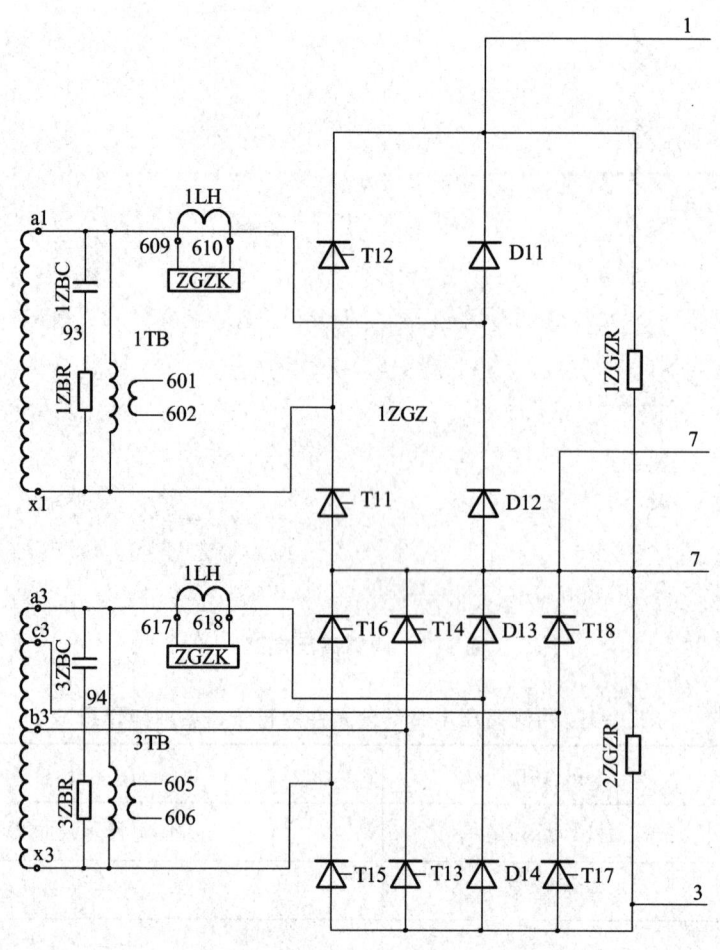

图1-4 调压整流电路

调压整流电路部分元件的符号、名称和作用如表1-2所示。

表1-2 调压整流电路部分元件的符号、名称和作用

文字符号	名 称	作 用
ZBC-ZBR	阻容保护	吸收峰值电压
3~6LH	低压电流互感器	检测次边过流

理论链接 2：直流牵引电动机的调速。

直流牵引电机的转速公式：

$$n = \frac{U - I_a \sum R}{C_e \Phi}$$

式中　n——直流电机转速；

　　　U——电机端电压；

　　　I_a——电枢电流；

　　　$\sum R$——电机回路总电阻；

　　　C_e——电机电动势常数；

　　　Φ——电机磁通量。

韶山 3 型 4000 系电力机车调速方式：

（1）调整牵引电机端电压；

（2）弱磁调速。

韶山 3 型 4000 系电力机车的牵引电机为脉流牵引电动机，而受电弓从接触网上获得交流电，因此必须通过整流装置将交流变成直流给牵引电机供电，调压整流电路如图 1-4 所示。

理论链接 3：调压整流电路的原理分析。

调压电路采用不等分三段半控桥式相控调压方式，网侧高压 25 kV 经变压器至次边绕组 a1-x1、a2-x2 固定绕组和 a3-b3-x3、a4-b4-x4 分段绕组，以上全电压为 1071 V，其分段电压为 535.5 V。

三段不等分整流桥的工作顺序如下：

第一段：触发 T11、T12，投入到 a1-x1 绕组，T11、T12 满开放，D11、D12 大桥调压，整流电压由零逐渐增加至 $\frac{1}{2}U_d$（U_d 为电机端电压）。

第二段：当 T11、T12 满开放时进入第二段，维持 T11、T12，触发 T13、T14，绕组 a3-b3 投入，此时整流电压在 $\frac{1}{2}U_d \sim \frac{3}{4}U_d$ 间调节。

第三段：当 T11、T12 维持满开放，触发 T15、T16，a3-x3 绕组投入使用，整流电压在 $\frac{3}{4}U_d \sim U_d$ 间调节。

步骤三：绘制牵引电路（以 I 端为例，见图 1-5）

牵引电路部分元件的符号、名称和作用如表 1-3 所示。

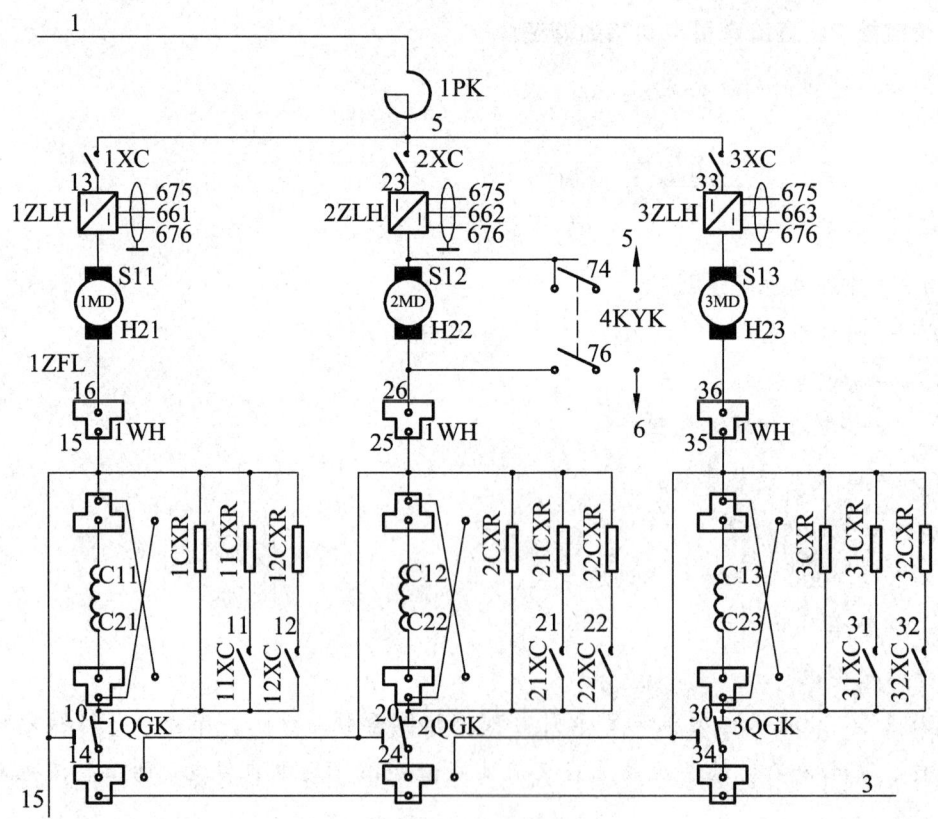

图 1-5 牵引电路图

表 1-3 牵引电路部分元件的符号、名称和作用

文字符号	名 称	作 用
1~2PK	平波电抗器	减小电流脉动,改善脉流电机的换向
1~6XC	线路接触器	接通或切断牵引电机线路
1~6ZLH	直流电流传感器	检测牵引电机电流并向电子控制柜提供反馈信号
1~2WH	位置转换开关	控制机车方向与工况转换
1~6QGK	牵引电机隔离开关	电机故障时切断该故障电机线路
C1-C2	励磁绕组	产生电机主磁场
S1-H2	电枢绕组	实现电机能量转换
1~6CXR	固定分路电阻	固定磁场削弱,改善电机换向
11CXR~62CXR	磁场削弱电阻	降低磁通实现磁场削弱
4~5KYK	空载试验开关	机车空载试验

理论链接 4：牵引电路原理分析。

韶山 3 型 4000 电力机车具有 6 台 800 kW 脉流牵引电动机（M1~M6），牵引时分别按转向架组合，各 3 条支路并联。Ⅰ端由 1MD、2MD、3MD 并联，Ⅱ端由 4MD、5MD、6MD 并联，两组供电电路完全相同。

每一脉流牵引电动机支路的电流路径完全相同，现以 1MD 支路为例加以说明。

其电流的路径：1 号线→平波电抗器 1PK→接触器 1XC→电流传感器 1ZLH→1MD 电枢绕组 S11-H21→两位置转换开关 1WH→励磁绕组 C11-C21//1CXR→牵引电机隔离开关 1QGK（运位）→3 号线。

贴士 1：牵引电动机隔离开关的作用。

当某台牵引电机故障时，可通过其相应的隔离开关进行隔离，并同时短接其主极绕组，不再构成工作磁场；在控制电路中，隔离开关的联锁切断 1~6XC 线圈电路，以保证线路接触器的开断状态。

贴士 2：固定分路电阻的工作原理。

固定分路电阻与牵引电机励磁绕组并联，由于电阻的阻值远大于绕组的阻值，当脉动电流中的直流分量经过时，使得大量的直流分量经过绕组；而当脉动电流的交流分量经过时，绕组的电感"通直阻交"作用使得大量的交流分量流过分路电阻，被电阻消耗，从而改善了脉流牵引电动机的换向。

贴士 3：平波电抗器的工作原理。

平波电抗器实质上就是一个带铁心的大线圈，利用其电感的"通直阻交"特质，对脉动电流中的交流分量和直流分量进行滤波整流，从而达到对脉动电流敷平的目的。

贴士 4：位置转换开关的作用。

（1）方向的改变（见图 1-6）。

（2）工况的改变（见图 1-7）。

贴士 5：磁场削弱调速。

磁场削弱调速：又称弱磁调速，通过调节牵引电动机的励磁电流，从而改变牵引电动机主极磁通的方法进行调速，如图 1-8 所示。其主要实施电路有电阻分路法和晶闸管分路法。

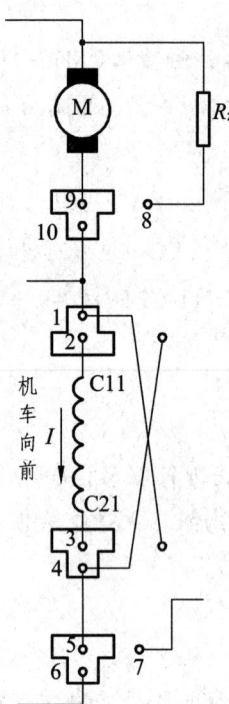 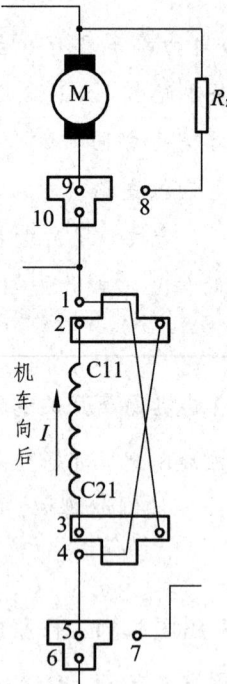

图 1-6 位置转换开关的方向转换图

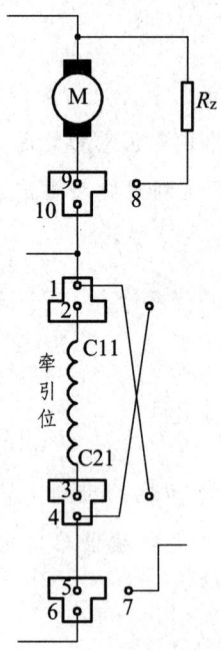 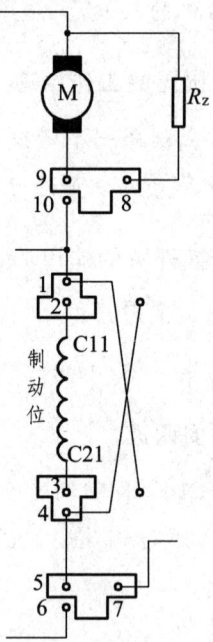

图 1-7 位置转换开关的工况转换图

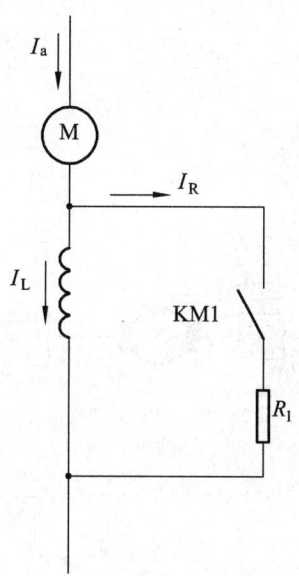

图 1-8 磁场削弱原理图

磁场削弱系数（β）：在同一牵引电动机电枢电流下，磁场削弱后牵引电动机主极磁势与磁场削弱前牵引电动机主极磁势之比。

磁场削弱系数的计算公式：

$$\beta = \frac{R_1}{R_1 + R_f}$$

式中　R_1——外接电阻；

　　　R_f——励磁绕组的电阻。

韶山 3 型 4000 系电力机车采取在主极电路上并联分路电阻来进行磁场削弱调速。固定分路电阻大小为 0.42 Ω，对主极形成 0.95 的磁场削弱系数，为扩大机车的恒功范围，主极再并联一组磁场削弱电阻，分三级两组磁场削弱电阻，形成三级削弱，Ⅰ级磁场削弱系数为 0.7、Ⅱ级磁场削弱系数为 0.54、Ⅲ级磁场削弱系数为 0.45。

贴士 6：磁场削弱的前提条件。

当牵引电机的端电压达到额定值，而电枢电流尚未达到额定值时，方可采用磁场削弱。

步骤四：绘制电阻制动电路。

制动时，以Ⅰ端为例，电枢绕组电路见图 1-9。

制动时，励磁电路见图 1-10。

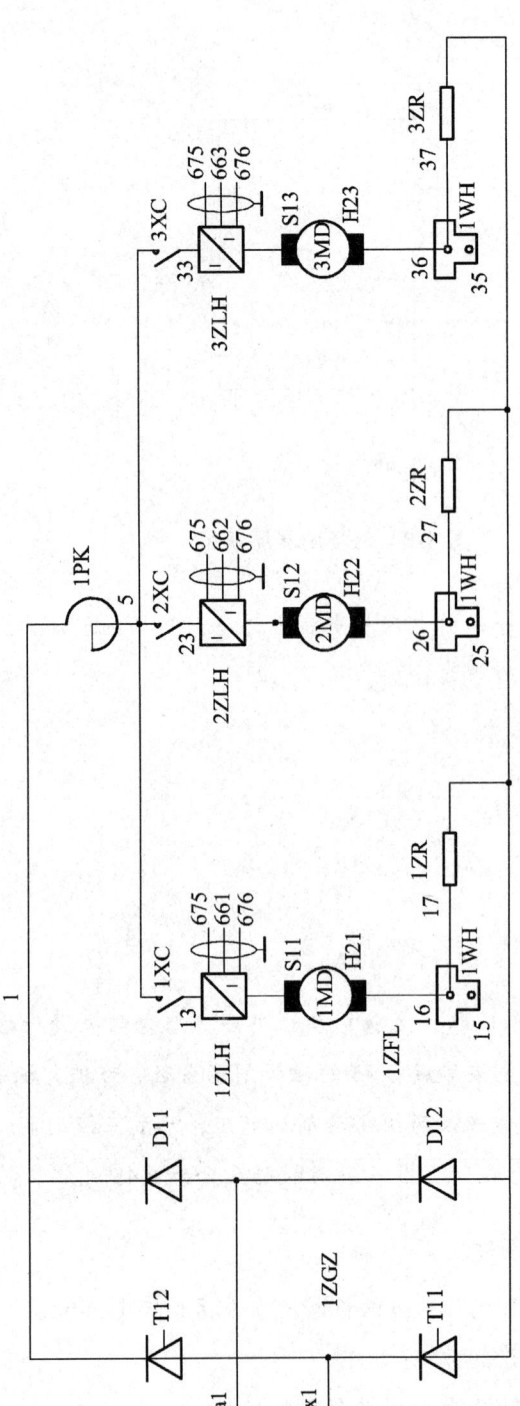

图 1-9 制动时电枢绕组电路

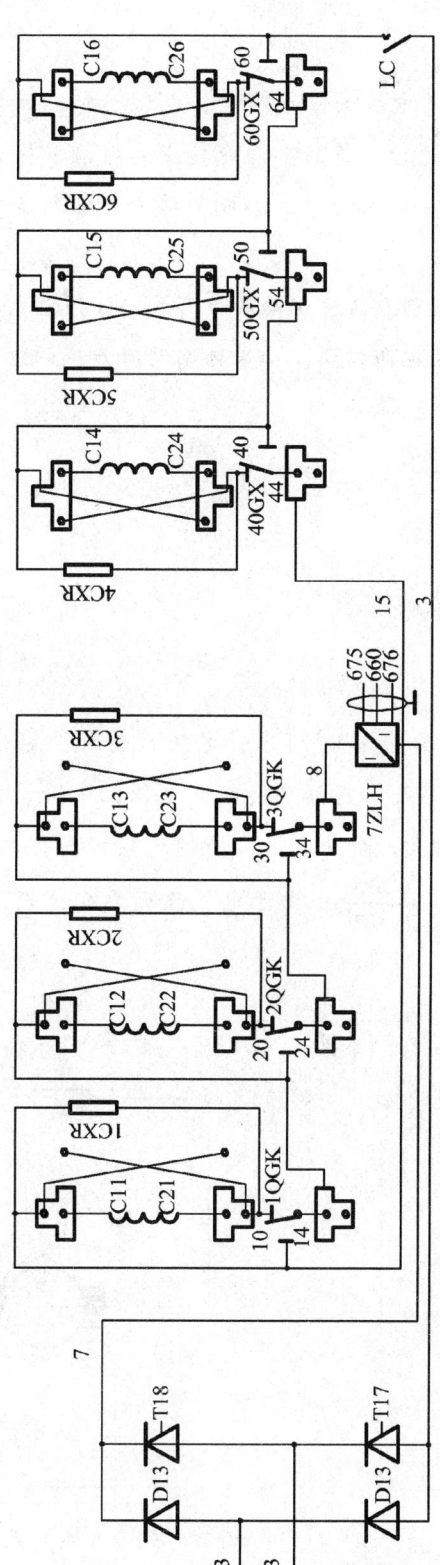

图1-10 制动时励磁电路

理论链接 5：电制动。

基本原理：机车电制动是利用电机的可逆原理。电制动时，列车的惯性力带动牵引电动机，牵引电动机作为发电机运行，将列车动能转变为电能，输出制动电流的同时，在牵引电动机轴上产生反转矩并作用于轮对，形成制动力，使列车减速或在下坡道时以一定速度运行。

制动形式：电制动分为电阻制动和再生制动两种形式。如果电制动时产生的电能利用电阻使之转化为热能消耗掉，称为电阻制动。如果电制动时产生的电能重新反馈到电网加以利用，称为再生制动。

电制动的特点：

（1）提高了列车行车的安全性；

（2）减少了闸瓦和车轮的磨耗；

（3）提高了列车的下坡运行速度。

理论链接 6：电阻制动。

电阻制动时电路原理接线图如图 1-11 所示。电阻制动时，励磁绕组由单独的励磁电源供电，并保持励磁电流方向不变，将励磁绕组从电源上断开，并立即接到制动电阻 R_L 上，这时电枢绕组外加电压为 0，而转子依靠惯性继续旋转，切割方向未变的磁通，产生了感应电动势，此时有 $I_a = -\dfrac{C_e \Phi n}{R_a + R_L}$，由于电流改变方向，产生了制动转矩，电机速度很快降下来。

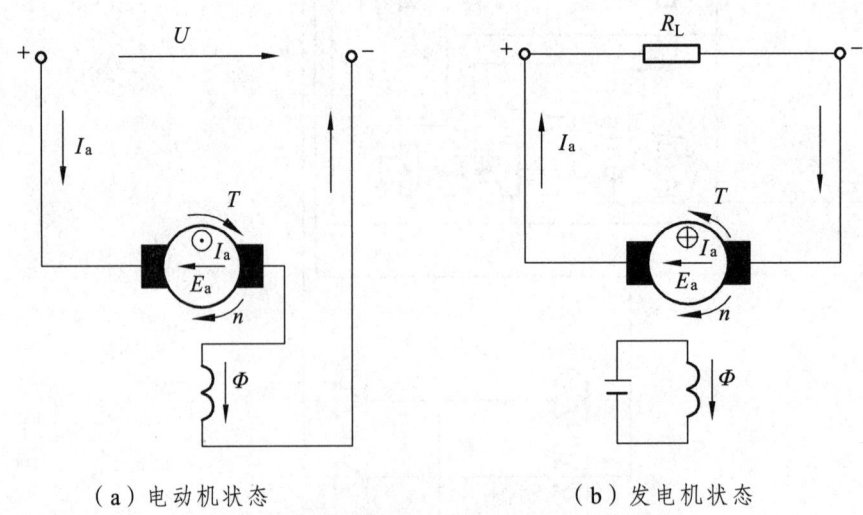

（a）电动机状态　　　　　　　　（b）发电机状态

图 1-11　电阻制动时电路原理接线图

韶山 3 型 4000 系电力机车采用的是电阻制动，位置转换开关 1~6WH 转换到制动位，牵引电动机电枢和主极绕组脱离，与制动电阻串联，同时与平波电抗器构成发电机回路，如图 1-9 所示。以 1MD 为例，线路为：1 号线→1PK→1XC→1ZLH→1MD→1ZR→3 号线→D12→D11。而 6 台励磁绕组反向串联连接，经励磁接触器与励磁整流器构成回路，主变压器 a3-c3 为励磁绕组供电。

理论链接 7：加馈电阻制动。

加馈电阻制动又称"补足"电阻制动，电阻制动在低速时由于制动电流减小而制动力下降，为了维持制动电流不变，克服机车制动力在低速区减小的状况，在制动回路外接附加制动电源来补足。韶山 3 型 4000 系电力机车进入低速区（<46 km/h），以 I 端为例，依靠主整流桥 T11、T12、D11、D12 相控输出整流电压 U_d，对制动电路施加电流加馈，以维持制动电流不变，实现恒制动力特性。

步骤五：绘制主接地保护电路（见图 1-12）。

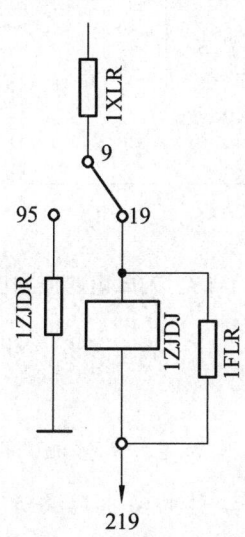

图 1-12 主接地保护电路

理论链接 8：继电器通过并联的分流电阻 FLR 和串联的限流电阻 XLR 接至牵引电路的负电位点，接地继电器再经过 110 V 控制电源正极至负极后接地，使主电路各点对地有一个固定电位，实现主电路全区域保护。

当主电路任一点接地故障时，接地电位与 110 V 电源叠加构成继电器动作电压（接地电位为0时,仍可借助于110 V电源使继电器动作)。接地继电器动作后,使主断路器跳闸。

步骤六:绘制入库电路(见图1-13)。

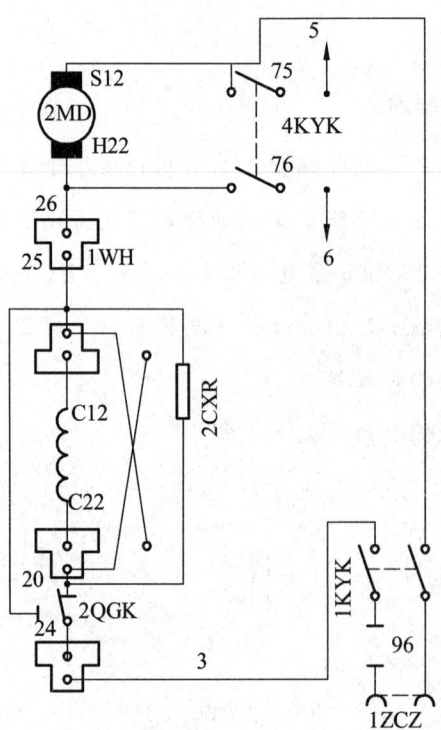

图1-13 入库电路原理图

理论链接9:入库电路。

机车入库时需要外接电源,入库为2、5电机,以第二电机为例接插座1ZCZ,将1KYK从运行位转到库用位,合上牵引电动机隔离开关2QGK,就可以利用2MD牵引机车入库。

四、项目实施

1. 学习组织形式

本项目实施中,对学生进行分组,3人一个工作组。各组制订实施方案及工作计划,组长协助教师指导本组学生学习，检查项目实施进程和质量，制订改进措施，共同完成项目任务。

2．工具材料准备

作业工具包括铅笔、纸张、橡皮、圆规、分度尺、三角板、直尺、画板工具等。

3．作业要求

（1）工具摆放整齐；

（2）正确使用工具；

（3）图纸干净整洁。

4．项目评价（见表1-4）

表1-4　项目评价

考核标准	考核结果
（1）符合电气制图的标准	（1）3个项目要求为合格，合格成绩为60分。 （2）有一项不符合要求，则不合格
（2）图纸整洁美观	
（3）不超过规定时间	
按要求完成作业	20分
按要求完成拓展项目	20分

五、项目实施过程中可能出现的问题

1．可能出现的问题

绘图工具使用不正确，导致工具损坏等现象；符号标记、线号忘记标上或符号错误。

2．采取措施

在下发任务书的同时，指导老师加强指导。

六、项目作业

绘制完整主电路。

七、拓展项目

查阅资料，比较韶山3型4000系电力机车与韶山9型电力机车主电路的异同。

项目二　绘制辅助电路

一、项目任务及要求

掌握分析韶山 3 型 4000 系电力机车辅助电路的电路原理；绘制辅助电路。

时间要求：10 课时。

质量要求：电气图是特殊的专业技术图,它除了遵守国家标准局颁布的《电气工程 CAD 制图规则》(GB/T 18135—2008)、《电气简图用图形符号》(GB/T 4728.6—2008)、《工业系统、装置与设备以及工业产品结构原则与参照代号》(GB/T 5094.3—2005)、《技术产品及技术产品文件结构原则》(GB/T 20939—2007)的标准外,还要遵守"机械制图""建筑制图"等方面的相关规定,所以要求制图人员必须掌握基本规则。

安全要求：严格按照教室安全管理制度进行项目作业。

文明要求：认真按照教室 5S 管理办法进行项目作业。

环保要求：自觉按照教室 5S 管理要求进行项目作业。

二、项目任务分析

（一）项目任务理论

（1）辅助电路：是将机车辅助设备及其相关的电气设备连接而成的线路。

（2）辅助电路的组成：由电源电路、负载电路、保护电路三部分组成。

（3）辅助电路的作用：保证机车主线路设备充分发挥功率,确保机车正常工作；改善司乘人员的工作条件。

理论链接 1：电源电路。

辅助电源取自主变压器 a6-x6-b6 绕组,其中 a6-x6 为 380 V 次级,a6-b6 为 220 V 次级。a6-x6 经库用转换刀开关 3KYK、辅助过电流继电器 FGJ 后单相输送。机车在库内可通过辅助电路入库插座引入车库内的 380 V 单相或三相电源,将库用转换刀开关 3KYK 从运行位倒向库用位,则辅助电路可在库内工作。

理论链接 2：负载电路。

负载电路包括三相负载电路和单相负载电路。

三相负载电路是机车上拖动辅助机械的辅助电动机,包括两台空气压缩机电动机1YD、2YD;4台离心通风机电动机 1FD、2FD(各冷却平波电抗器及两台牵引电动机),3FD、4FD(各冷却硅整流装置及一台牵引电动机);4台轴流风机电动机1、2、3、4ZFD(冷却制动电阻);1台变压器轴流风机BFD(冷却主变压器油散热器);1台油泵电动机BD(主变压器油冷却系统循环),通过三相交流接触器控制其工作。

单相负载主要是加热元器件,包括热风机、热脚炉、电热玻璃等。

理论链接3:保护电路。

辅助电路的保护电路有过电流、接地、过电压、欠电压和单机过载故障保护。

(二)任务分析

辅助电路包括电源电路、负载电路、保护电路。重点掌握劈相机的原理和启动方法。绘制电源电路、负载电路、零压保护电路和辅助接地保护电路。

三、项目实施路径与步骤

(一)项目路径(见图2-1)

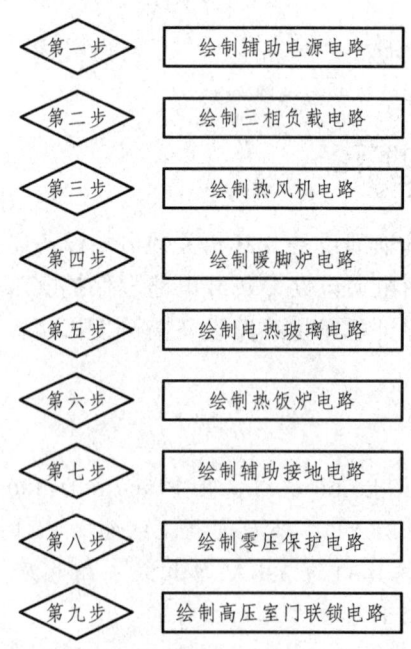

图2-1 项目路径

(二)项目步骤

步骤一:绘制辅助电源电路(见图2-2)。

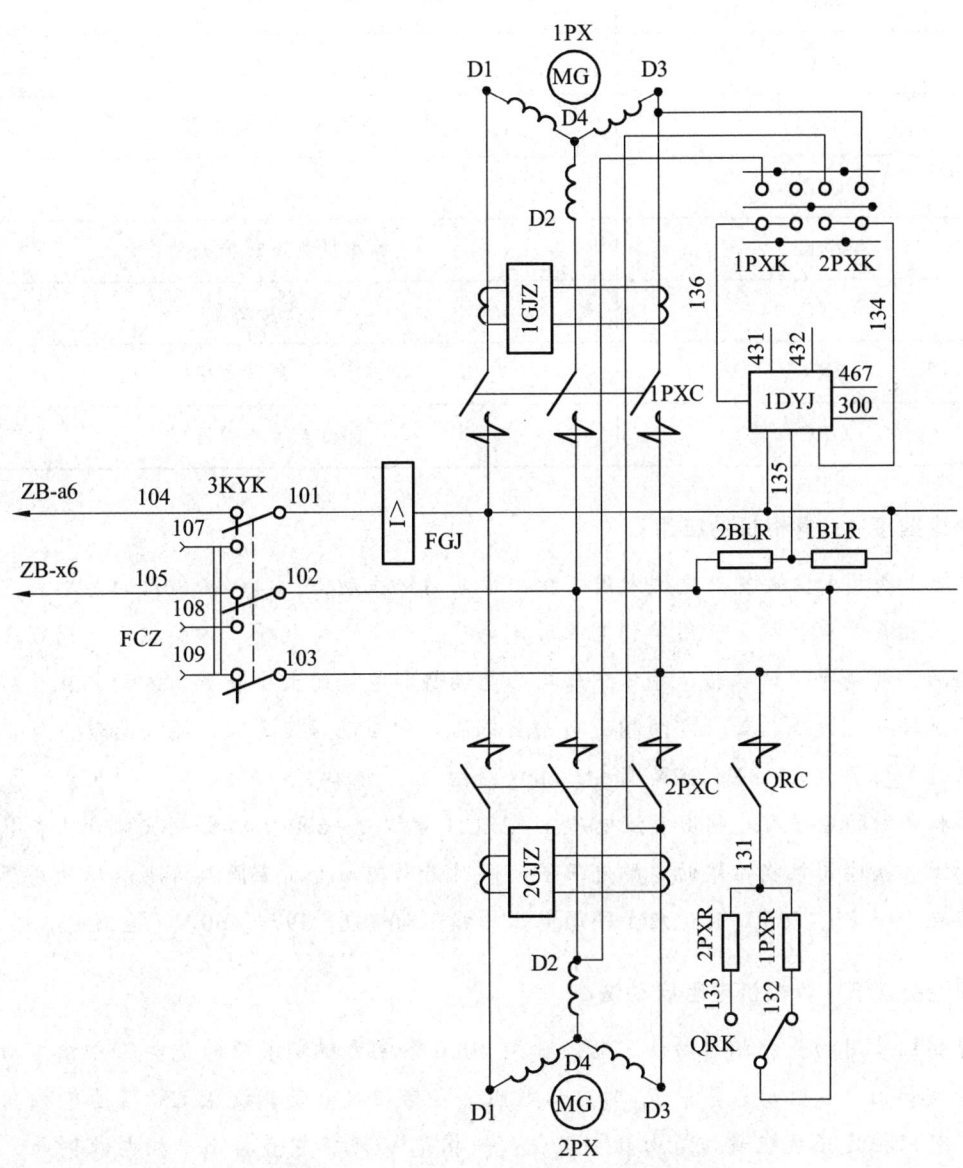

图2-2 辅助电源电路

辅助电源电路电气部件的代号如表2-1所示。

表 2-1 辅助电源电路电气部件的代号

文字符号	名　称
FGJ	辅助过流继电器
PX	劈相机
1DYJ	劈相机启动继电器
GJZ	辅机过流保护装置
PXK	劈相机故障转换开关
PXC	劈相机接触器
PXR	劈相机启动电阻
QRC	启动电阻接触器

理论链接 4：劈相机的应用。

机车上所用的主要辅助机械采用三相异步电动机拖动，而由 a6-x6 提供的是单相 380 V 电源，三相异步电动机若改用单相电源后，会产生两个大小相等、方向相反、周期相同的旋转磁场，这两个磁场在转子导体中感应的电动势和电流的大小相等、方向相反，从而产生的两个转矩也大小相等、方向相反而相互抵消，即启动转矩为零，无法启动，故单相电源要通过异步劈相机 1PX、2PX 变成三相电源供电。

单相电源的电压测量利用交流电压 1、2FU（量程 0～600 V），分别安装在Ⅰ、Ⅱ端正司机台上直接向司机指示辅助电源电压值，同时借助辅助电压来间接检测网压的高压值，网压值在 19、25、29 kV 时对应于辅助电压的指示为 301、397、460 V（空载时）。

理论链接 5：劈相机电阻启动法。

劈相机采用的是分相启动法，韶山 3 型 4000 系电力机车采用的是电阻分相启动，其工作原理如图 2-3 所示，其中 R_Q 为启动电阻，当劈相机电动相绕组 UV 接通单相电源启动时，可以把定子绕组看作是由两相组成：一相是 VOU，它直接由单相电源供电，另一相是 VOW，它与启动电阻 R_Q 串联后由单相电源供电，启动电流 I_{Q1} 和 I_{Q2} 彼此相差一定的相位角，因此能够自行启动，当劈相机向外输出电压达到一定值时借助接触器切除启动电阻，启动完成。

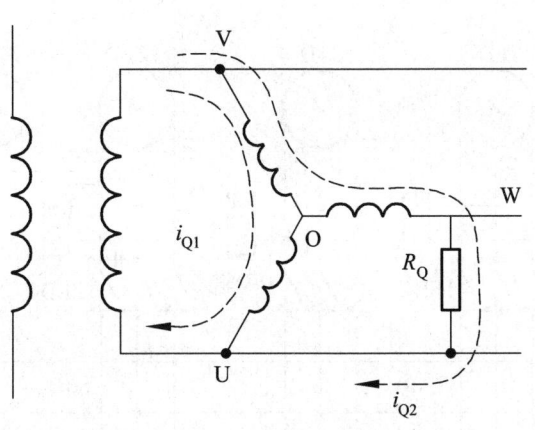

图 2-3 劈相机启动原理线路图

贴士 1：劈相机定子绕组 VO、UO 相当于单相异步电动机的定子绕组，所以称为劈相机的电动相，而绕组 WO 相当于发电机，因此把 WO 相称为劈相机的发电相。

理论链接 6：劈相机电阻启动过程。

劈相机的启动过程是按下劈相机按键开关，接触器 1PXC、QRC 接入电路，启动电阻投入，劈相机开始启动；利用 1DYJ 来监控劈相机的发电电动势，当劈相机达到稳定转速（1 300 r/min）时，此时发电相电压值达 209 V，1DYJ 动作从而断开 QRC，切除启动电阻 1PXR，1PX 劈相机完成启动，2PX 借助 1PX 发出的三相电源直接启动。

贴士 2：辅助电源电路部分电气部件的代号、名称、作用、参数和现象（见表 2-2）。

表 2-2　辅助电源电路部分电气部件的代号、名称、作用、参数和现象

代号	名　称	作　用	动作参数	动作现象
1DYJ	劈相机启动继电器	劈相机分相启动	209 V	
FGJ	辅助过流继电器	辅助电路过电流保护	2800 A×（1±5%）	跳主断、显示辅助过流信号

贴士 3：辅机过流保护过程。

辅机过流保护在某一辅机短路、单相运行或堵转过流后，经辅机过流保护装置 1～10GJZ 延时 10 s 后动作切除相应辅机接触器。若接触器发生故障无法分断（触头熔焊）时，则辅机继续发生过流，再经 5 s 的延时，保护装置接通主断路器分闸线圈，使主断路器跳闸作二次保护措施。该装置同时又起辅机启动信号显示作用。

步骤二：绘制三相负载电路（见图 2-4）。

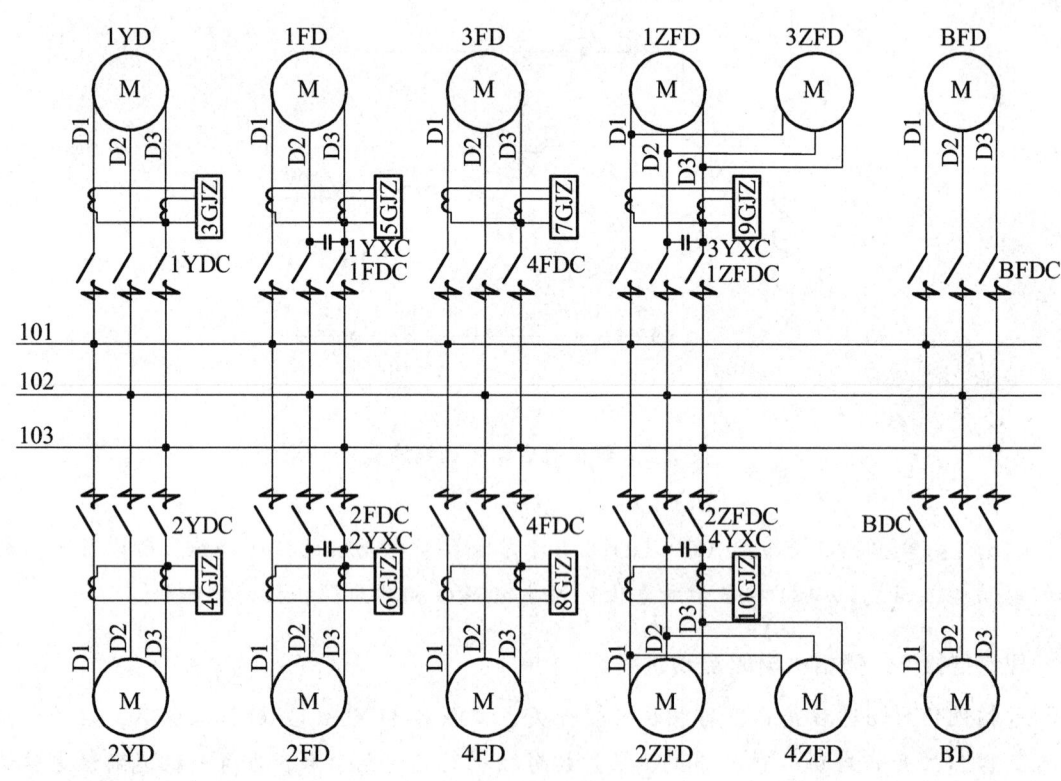

图 2-4 三相负载电路

三相负载电路包括 YD 空气压缩机电动机、FD 牵引风机电动机、ZFD 制动风机电动机、BFD 变压器风机电动机、BD 变压器油泵电动机；YDC、FDC、ZFDC、BFDC、BDC 各辅机相对应的交流接触器；YXC 移相电容器，如表 2-3 所示。

表 2-3 三相负载电路电器部件的代号

文字符号	名　　称
YD	空气压缩机电动机
FD	牵引风机电动机
ZFD	制动风机电动机
BFD	变压器风机电动机
BD	变压器油泵电动机
YDC、FDC、ZFDC、BFDC、BDC	各辅机相对应的交流接触器
YXC	移相电容器

理论链接 7：三相负载电路。

当劈相机启动完成以后，辅助电路导线 101、102、103 可提供三相电源，各辅助电动机依次相隔 3 s 投入工作。

韶山 3 型 4000 系电力机车三相负载包括两台空气压缩机电动机 1YD、2YD；4 台离心通风电动机 1FD、2FD（各冷却平波电抗器及两台牵引电动机）、3FD、4FD（各冷却硅整流装置及 1 台牵引电动机）；4 台轴流风机电动机 1、2、3、4、ZFD（冷却制动电阻）；一台变压器轴流风机电动机 BFD（冷却变压器油散热器）；一台油泵电动机 BD。

贴士 4：1~4YXC 的作用。

为了改善劈相机供电系统的三相电源对称性，分别在 1~2FD 和 1~2ZFD 电动机的 D_2、D_3 之间接入移相电容 1~4YXC，使之随电动机负载变化而投入，达到随机补偿调节的目的。

步骤三：绘制单相负载电路。

（1）热风机加热元件电路（见图 2-5）。

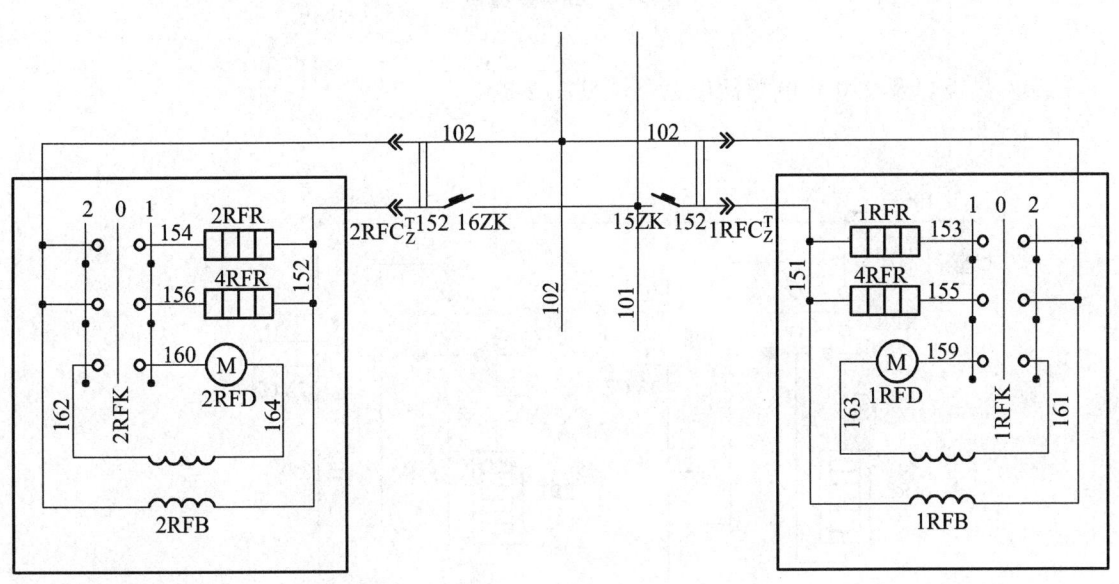

图 2-5　热风机电路

（2）辅助取暖脚炉电路（见图 2-6）。

（3）前窗电热玻璃电路（见图 2-7）。

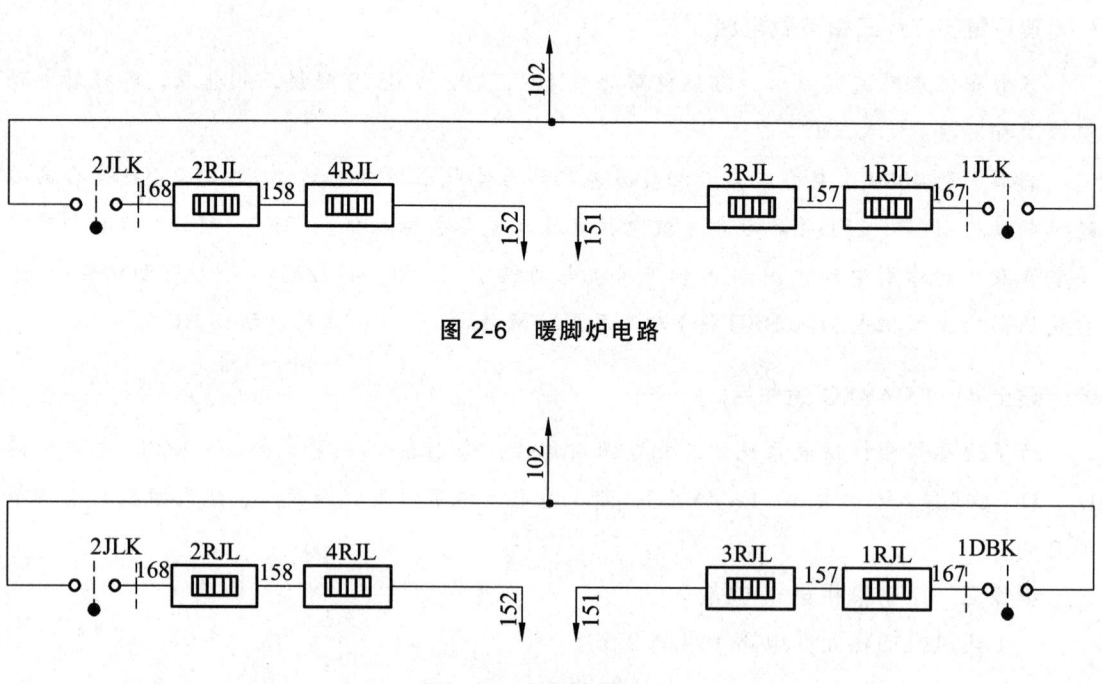

图 2-6 暖脚炉电路

图 2-7 电热玻璃电路

（4）热饭炉及 220 V 电源插座电路（见图 2-8）。

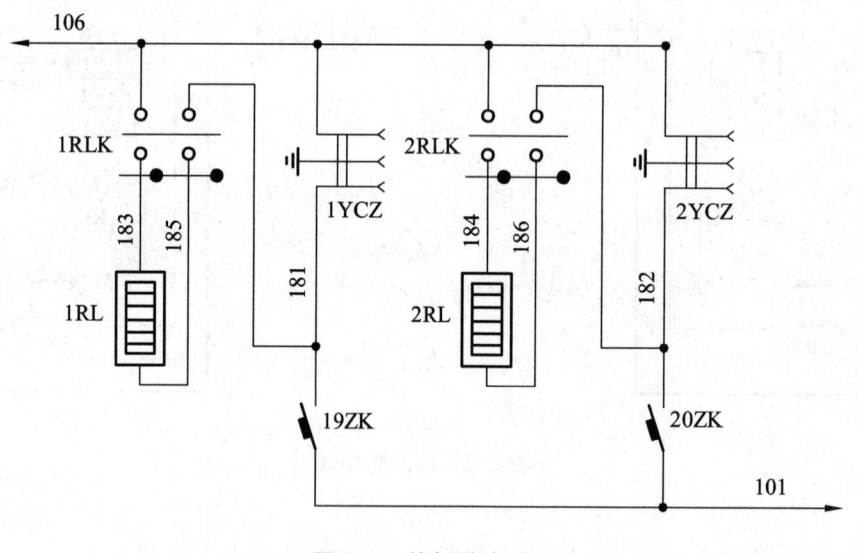

图 2-8 热饭炉电路

贴士 5：自动开关 15ZK、16ZK、17ZK、18ZK、19ZK、20ZK 均有短路和过载保护作用。

步骤四：绘制辅助接地保护电路（见图 2-9）。

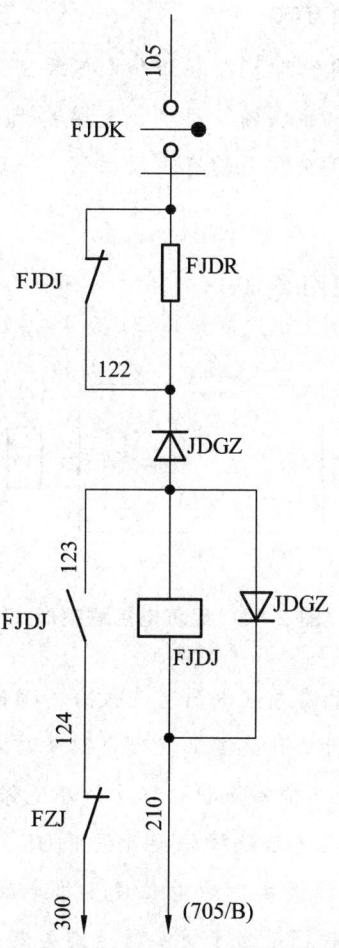

图 2-9 辅助接地保护电路

辅助接地保护电路电器部件的代号如表 2-4 所示。

表 2-4 辅助接地保护电路电器部件的代号

文字符号	名　称
FJDJ	辅助电路接地继电器
FJDK	辅助电路接地开关
JDGZ	接地硅整流器
FJDR	辅助电路接地电阻
FZJ	恢复中间继电器

理论链接 8：机车常用联锁方式。

机车常用联锁方式有两大类，即机械联锁和电气联锁。机械联锁目前主要有司机控制器换向手柄和调速手柄之间的机械联锁、司机台上按键开关与电钥匙的联锁、换向手柄及电钥匙与钥匙箱的联锁；电气联锁常用的有串联联锁、并联联锁、经济电阻电路、自锁联锁、延时联锁等。

贴士 6：经济电阻电路（见图 2-10）。

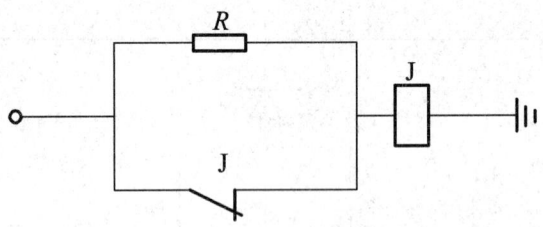

图 2-10　经济电阻联锁形式

在有些电路中，为了使接触器或继电器可靠吸合，同时又提高本身的返回系数，即提高电器动作的灵敏度，可在电器工作线圈的控制电路中接入一电阻，组成经济电阻电路。

在韶山 3 型 4000 系电力机车辅助保护电路中，接地保护装置被接在主变压器 X_6 端的 105 线上，作为固定接地点。支路先经故障转换开关 FJDK，再经限流电阻 FJDR（约 2 kΩ），保证接地继电器即使在辅助电路最高对地电位发生接地故障时也不会发生电流烧损，而 FJDR 电阻所并联的 FJDJ 常闭联锁是为了提高接地继电器的动作灵敏度，即发生接地的初始瞬间短接了限流电阻，这样可保证在最低接地电位时继电器也能可靠工作。

贴士 7：自锁联锁（见图 2-11）。

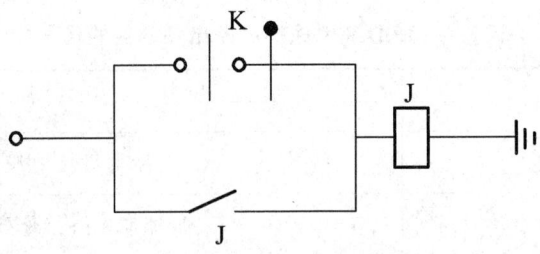

图 2-11　自锁联锁形式

在某电器工作线圈前的电路中并联有该电器本身的常开联锁，这种联锁称为自锁联锁。

在韶山 3 型 4000 系电力机车辅助接地保护电路中，当辅助电路任一点接地时，形成一个接地回路，此时 FJDJ 得电动作，同时经接地继电器常开联锁接通"自锁"电路，保持信号的记忆。故障确认后，借助 QD 合闸操作，使恢复中间继电器 FZJ 常闭联锁断开，即"解锁"接地继电器，同时信号恢复，为下一次保护做好准备。

理论链接 9：辅助接地保护电路元件说明。

（1）二极管作用。

支路中所接二极管 JDGZ 是利用二极管的单向导电性，隔离 105 线的交流电压。FJDJ 线圈所并联的二极管 JDGZ 是作为继电器线圈续流管，释放电感能量，以提高继电器动作的灵敏度。

（2）210 线所接电源是 110 V 直流稳压电源，因此韶山 3 型 4000 系电力机车辅助接地保护装置是有源保护装置，经 110 V 控制电源后接地，实现全区域保护。当辅助电源中任一点接地时，形成一个接地回路，此时 FJDJ 得电动作，使机车主断路器 QD 分闸，并在主司机台上显示辅助接地信号。

（3）FZJ 常闭：按下"主断路器合"按键开关，FZJ 得电吸合，通过开断导线 124-300 实现辅助电路接地保护的恢复，并消除辅助接地信号显示。

步骤五：绘制零压保护电路（见图 2-12）。

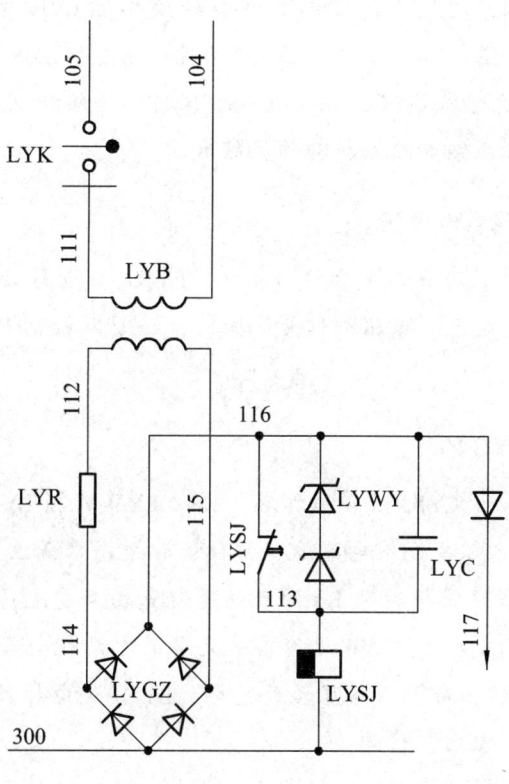

图 2-12　零压保护电路

辅助接地保护电路电器部件的代号如表 2-5 所示。

表 2-5 辅助接地保护电路电器部件的代号

文字符号	名　　称
LYB	零压变压器
LYR	零压限流电阻
LYGZ	零压整流装置
LYSJ	零压时间继电器
LYWY	零压稳压管
LYC	零压保护电容

贴士 8：零压保护。

零压保护即接触网供电失压保护，以防止供电失压后再送电可能出现的事故。

理论链接 10：接触网正常供电。

当接触网正常供电时，由变压器 LYB 经故障转换开关 LYK 跨接在主变压器 a6-x6 绕组输出线上，LYB 次边经限流电阻 LYR、LYGZ 后输出直流，LYSJ 受电吸合后接入稳压管 LYWY（2×25 V）和保护电容 LYC，仅使 LYSJ 保持一个维持电压值（60 V），以提高继电器返回系数，即提高零压继电器保护动作灵敏度。

理论链接 11：接触网供电失压。

当接触网供电失压，且失压时间大于 1 s 时，LYSJ 失电释放，并控制机车主断路器 QD 分闸，在主司机台上显示"零压"信号。同时，还切断控制电路中各辅机接触器，使各辅机停止工作。

贴士 9：LYWY 和 LYC 的作用。

（1）LYWY 的作用：当 LYSJ 吸合动作后，接入 LYWY 与 LYC，仅使 LYSJ 保持一个维持电压稳压值（60 V），以提高继电器返回系数，即提高零压继电保护动作灵敏度。

（2）LYC 的作用：零压保护延时 1 s 的目的是避免由于受电弓短暂脱弓而引起的误动作。当电网失压时间小于 1 s 时，LYC 储存有一定量的电压就会释放，继续为 LYSJ 供电，实现续流目的，直到 LYC 内部储存电压释放完毕，LYSJ 失电释放，机车主断路器 QD 跳闸并在主司机台上显示"零压"信号。

步骤六：绘制高压室门联锁电路（见图 2-13）。

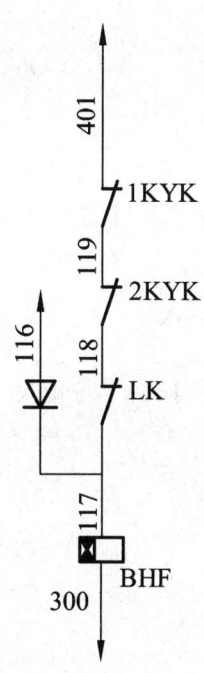

图 2-13 高压室门联锁电路

高压室门联锁电路电器部件的代号如表 2-6 所示。

表 2-6 高压室门联锁电路电器部件的代号

文字符号	名　　称
BHF	高压室门联锁保护阀
LK	车顶门联锁开关
1、2KYK	库用转换开关

理论链接 12：门联锁保护原理。

司机操作主电路库用转换开关 1、2KYK 于运行位时，车顶天窗关闭，其联锁开关 LK 在闭合位时，合上主司机按键开关的钥匙，则 BHF 从控制电源蓄电池得电，门联锁装置锁闭，关闭各高压室。当机车接触网高压供电后经零压保护电路 116 线也向 BHF 送电，构成了 BHF 的双电源送电状态。一旦出现误操作，虽控制电路切断而机车高压供电状态依然存在，则通过交流保护作用，BHF 仍得电，门联锁锁闭，保证了乘务人员不能开门误入高压室，达到确保安全的目的。

四、项目实施

1. 学习组织形式

本项目实施中,对学生进行分组,3人一个工作组。各组制订实施方案及工作计划,组长协助教师指导本组学生学习,检查项目实施进程和质量,制订改进措施,共同完成项目任务。

2. 工具材料准备

作业工具包括铅笔、纸张、橡皮、圆规、分度尺、三角板、直尺、画板工具等。

3. 作业要求

(1) 工具摆放整齐;
(2) 正确使用工具;
(3) 图纸干净整洁。

4. 项目评价(见表2-7)

表2-7 项目评价

考核标准	考核结果
(1) 符合电气制图的标准	(1) 3个项目要求为合格,合格成绩为60分。 (2) 有一项不符合要求,则不合格
(2) 图纸整洁美观	
(3) 不超过规定时间	
按要求完成作业	20分
按要求完成拓展项目	20分

五、项目实施过程中可能出现的问题

1. 可能出现的问题

绘图工具使用不正确,导致工具损坏等现象;符号标记、线号忘记标上或符号错误。

2. 采取措施

在下发任务书的同时,指导老师加强指导。

六、项目作业

绘制完整辅助电路。

七、拓展项目

查阅资料,比较韶山 3 型 4000 系电力机车与韶山 9 型电力机车辅助电路的异同。

项目三 绘制保护、整备控制电路

一、项目任务及要求

掌握韶山3型4000系电力机车控制电路的电路原理;绘制保护、整备控制电路图。

时间要求:16课时。

质量要求:电气图是特殊的专业技术图,它除了遵守国家标准局颁布的《电气工程CAD制图规则》(GB/T 18135—2008)、《电气简图用图形符号》(GB/T 4728.6—2008)、《工业系统、装置与设备以及工业产品结构原则与参照代号》(GB/T 5094.3—2005)、《技术产品及技术产品文件结构原则》(GB/T 20939—2007)的标准外,还要遵守"机械制图""建筑制图"等方面的相关规定,所以要求制图人员必须掌握基本规则。

安全要求:严格按照教室安全管理制度进行项目作业。

文明要求:认真按照教室5S管理办法进行项目作业。

环保要求:自觉按照教室5S管理要求进行项目作业。

二、项目分析

(一)项目任务理论

韶山3型4000系电力机车的保护、整备控制电路主要由控制电源、保护控制电路、整备控制电路三部分组成。其具体功能如下:

(1)控制电源:直流110 V稳压控制电源及其配电电路。

(2)保护控制电路:主电路、辅助电路保护环节执行的控制电路。

(3)整备控制电路:由主司机操控台按键开关箱进行主令控制的电路,包括受电弓、主断路器、劈相机、压缩机、通风机以及制动风机等设备的整备控制。

(二)任务分析

控制电路一般由主令电器、各种功能的继电器、接触器、转换开关、保护电器以及电源等主要部分组成。本次任务的主要内容是依次画出控制电源电路、保护控制电路、受电弓控制电路、主断路器控制电路、劈相机控制电路、压缩机控制电路、通风机控制电路、制动风机控制电路的原理图。

三、任务实施路径与步骤

（一）任务路径（见图 3-1）

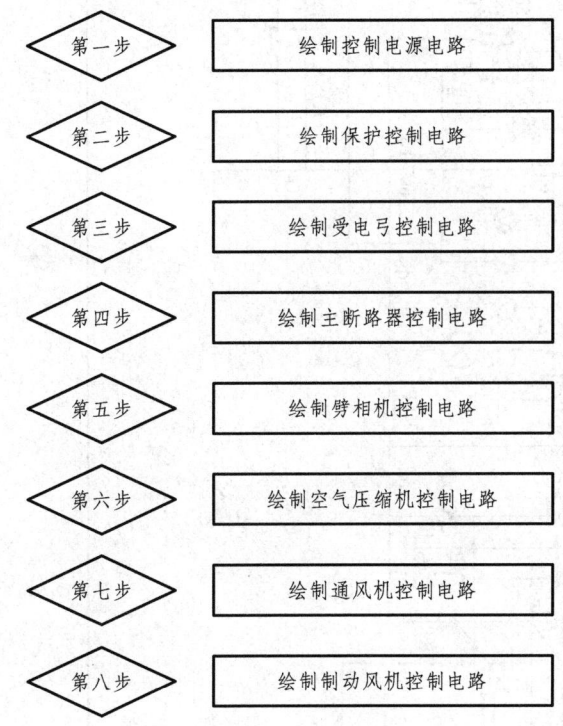

图 3-1 任务路径

（二）任务步骤

步骤一：绘制控制电源（见图 3-2）。

控制电路电气部件的代号如表 3-1 所示。

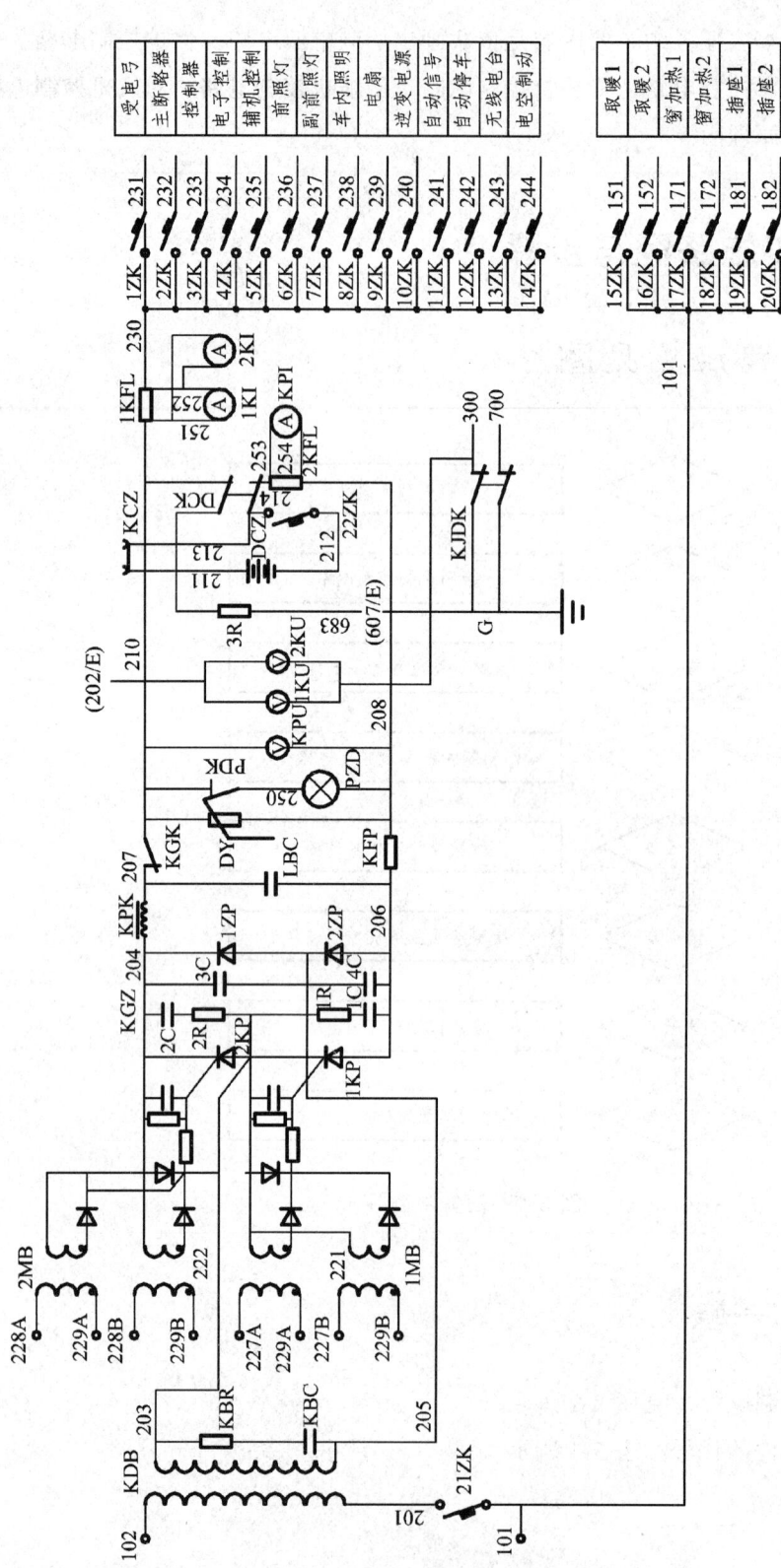

图 3-2 控制电源原理图

表 3-1 控制电路电气部件的代号

文字符号	名 称
KDB	控制电源变压器
KGZ	晶闸管半控桥式整流器
KBR-KBC	控制电源阻容吸收电路
LBC	滤波电容
KPK	平波电抗器
DCZ	蓄电池
1~21ZK	按键开关

理论链接 1：控制电源电路的组成及工作原理。

韶山 3 型电力机车控制电源电压为 110 V，由晶闸管半控桥式整流稳压装置提供。稳压电源装置的电源变压器 KDB（380 V/220 V）从主变压器辅助绕组 101、102 获得 380 V 单相电源，在库内时也可将库内 380 V 单相电源从库用插座输入。经 KDB 降压到 220 V 后，通过由两只 KP200-8 型晶闸管和两只 ZP300-8 型二极管构成的晶闸管半控桥式整流器 KGZ 输出直流。为了减少脉动量，采用 LC 滤波电路，电感为平波电抗器 KPK，电容由滤波电容 LBC 和蓄电池组 DCZ 并联组成，该滤波环节使电压脉动有效值小于 5 V，故要求控制电源工作时，必须同蓄电池并联运行。

运行中一旦蓄电池短路或控制电路发生接地故障使自动开关 22ZK 跳开时，蓄电池被甩开，不再起滤波作用，只能依靠 LC 环节进行滤波，限制电压脉动量的峰值。通过晶闸管导通角的自动调节，可实现 110 V 稳压±4% 的精度，并限制控制电源输出电流不超过 55 A。

贴士 1：机车蓄电池的结构。

蓄电池为 GN-100 型碱性蓄电池，标称电压为 1.25 V，共 74 只 GN-100 型碱性蓄电池串联组成标称电压为 92.5 V 的蓄电池组。机车正常运行时蓄电池与稳压电源并联，兼滤波电容作用，同时蓄电池接受 110 V 电压的浮充电。

贴士 2：蓄电池的作用。

蓄电池的作用：一是在机车升弓受流前，向控制电路提供电源，确保机车升弓合闸引入接触网高压交流电源；二是对机车 110 V 稳压电源起滤波作用，以减少控制电源输出的脉动量；三是机车运行中 110 V 稳压电源出现故障后，由蓄电池组独自为控制电路供电，维持故障运行。

理论链接 2：控制电源的配电及保护。

控制电路的配电支路有受电弓 1ZK、主断路器 2ZK、司机控制器 3ZK、电子控制 4ZK、辅机控制 5ZK、前照灯 6ZK、副前照灯 7ZK、车内照明 8ZK、电扇 9ZK、逆变电源 10ZK、自动信号 11ZK、自动停车 12ZK、无线电台 13ZK、电空控制 14ZK。另外，在控制电源配电屏上还有辅助电路 101 导线的几条配电支路，也用自动开关保护，包括司机室取暖 15、16ZK，前窗加热 17、18ZK，220 V 插座 19、20ZK。

控制电源硅整流装置和蓄电池的短路保护由自动开关 21ZK、22ZK（整定值 50 A）完成，过电压保护采用 R-C 吸收电路，硅整流装置输入端为电阻 KBR，电容 KBC，各个硅臂还有 R-C 保护。控制电源各配电支路均采用 TH-5SB 型单极自动开关，它们既作为各支路的配电开关，可人为分合，又作为各支路的短路与过流保护开关，进行保护性分断。

控制电源屏有 3 个刀开关：整流器刀开关 KGK、蓄电池刀开关 DCK、接地刀开关 KJDK。操作时要注意操作程序，先闭合 KJDK 和 DCK，最后闭合 KGK。尤其在库内用辅助库用电源时必须要先完成上述刀开关合闸程序，再送入库用辅助电源。

各配电开关基本参数如表 3-2 所示。

表 3-2 控制电源配电保护参数表

代号	1ZK	2ZK	3ZK	4ZK	5ZK	6ZK	7ZK	8ZK	9ZK	10ZK	11ZK	12ZK	13ZK	14ZK	15ZK	16ZK	17ZK	18ZK	19ZK	20ZK	21ZK	22ZK
整定电流/A	10	10	10	6	30	30	6	30	6	6	6	6	6	6	30	30	6	6	6	6	50	50
额定电压/V	110	110	110	110	110	110	110	110	110	110	110	110	110	110	380	380	380	380	220	220	380	110
名称	受电弓	主断路器	控制器	电子控制	辅机控制	前照明	副前照明	车内照明	电扇	逆变电源	自动信号	自动停车	无线电台	电空制动	取暖电炉1	取暖电炉2	窗加热1	窗加热2	插座1	插座2	交流电源	蓄电池

步骤二：绘制保护控制电路（见图 3-3）。

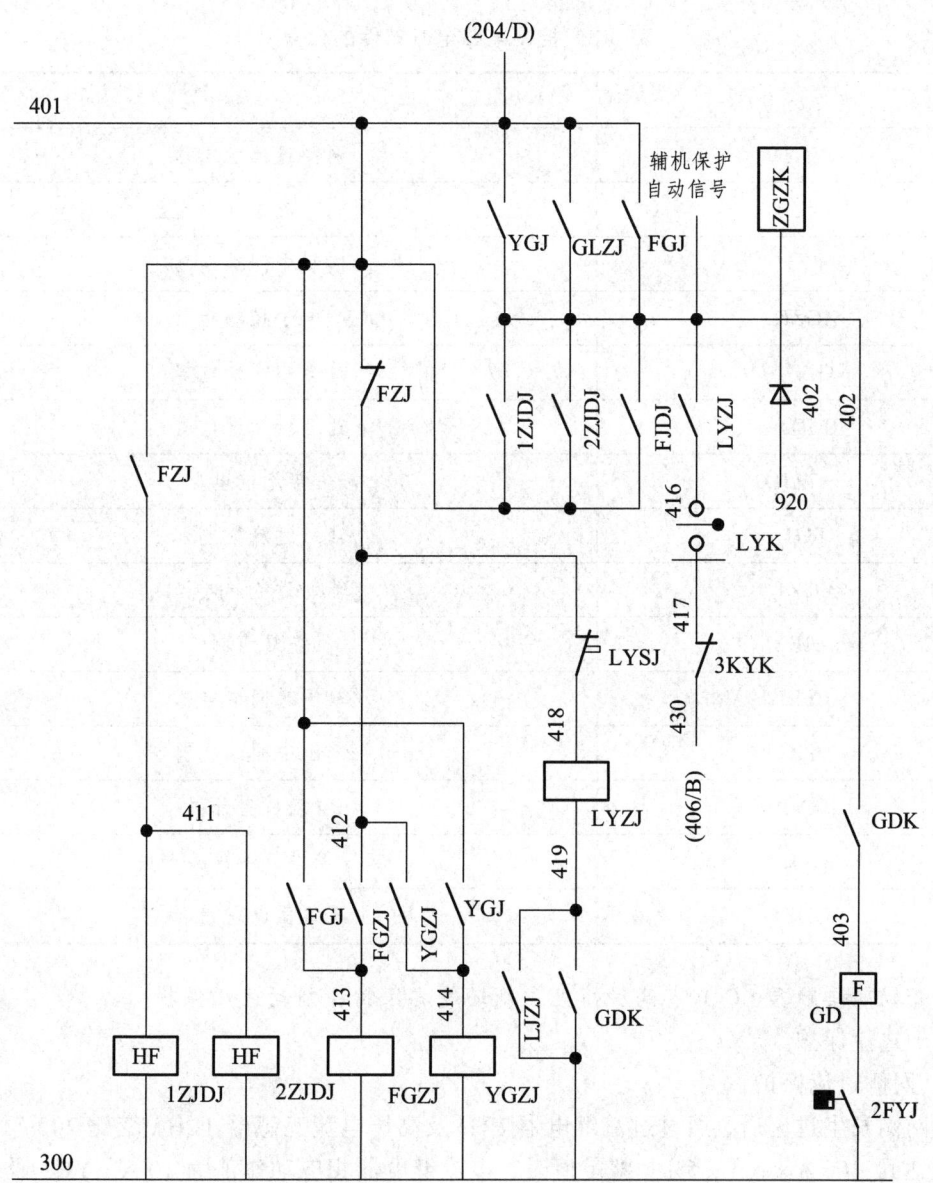

图 3-3 保护控制电路

控制电路电气部件的代号如表 3-3 所示。

理论链接 3：保护控制电路的原理分析。

保护控制是指保护与主电路、辅助电路有关的执行控制。保护结果有两种：一是主断路器 QD 分闸；二是跳开励磁接触器 LC。

主断路器分闸保护有以下几种情况：网侧过流、二次侧过流、牵引电机过流、辅助电路过流、辅机过流、主电路接地保护、辅助电路接地保护、零压（失压）保护及紧急制动。

表 3-3 控制电路电气部件的代号

文字符号	名称
YGJ	网侧过流继电器
YGZJ	网侧过流中间继电器
FZJ	恢复中间继电器
ZGZK	电子控制柜
GLZJ	过流中间继电器
FJDJ	辅助接地继电器
1~2ZJDJ	主接地继电器
FGJ	辅助过流继电器
FGZJ	辅助过流继电器
HF	恢复线圈
LYSJ	零压时间继电器
LYZJ	零压中间继电器
3KYK	空载试验开关
LYK	零压保护故障隔离开关
QDK	主断路器电联锁开关

跳开励磁接触器 LC 只有两种情况：制动过流保护、制动风压保护。

（1）过流保护。

① 网侧过流保护。

当网侧发生过流后，通过过流继电器 YGJ 及高压电流互感器 1LH（变比 200/5）保护，若电流达到 400 A×（1±5%）整定值时，电流继电器相应动作值为 10 A，YGJ 吸合动作使 QD 分闸。

其中一条支路接通导线 401-402 使主断路器 QD 分闸线圈得电，主断路器分闸保护。线路为 401→YGJ 常开吸合→402→QDK 常开吸合→主断路器 QD 分闸线圈 F 得电→300。

另一条支路，接通导线 401-414 使网侧过流中间继电器 YGZJ 得电吸合，并通过 412~414 导线上的联锁自锁保持记忆，同时接通显示屏"原边过流"信号灯。线路为 401→FZJ 常闭→YGZJ 常开吸合→414→YGZJ 线圈得电→300。

实现"网侧过流"保护恢复，需要操作"主断路器合"，通过恢复中间继电器 FZJ 得电吸合并自锁，经导线 401-412 切断 YGZJ，自锁解除而完成"网侧过流"保护恢复。线路为 401→FZJ 常闭断开→412→YGZJ 线圈失电→300。

贴士 3：联锁。

当一个接触器得电动作，通过其辅助常闭触头使另一个接触器不能得电动作时，接触器之间这种制约的作用叫作接触器联锁或互锁。

一个继电器中有常开和常闭触头，常开、常闭触头两者同时动作，相互制约的这种关系成为联锁。

② 主变压器二次侧过流保护。

当二次侧过流时，电流互感器 3、4、5、6LH 检测信号输入电子控制柜 ZGZK。

一条支路通过 687 输出执行信号，使过流中间继电器 GLZJ 得电吸合，其联锁接通导线 401-402，使 QD 分闸线圈得电，实现过流保护，即 401→GLZJ$_{常开}$闭合→402→QDK$_{常开}$闭合→分闸线圈 F 得电→300。

另一条支路由导线 622 同时接通显示屏"次边短路"信号灯。

实现保护电路恢复，需操作"主断路器合"，经 QDK 联锁接通 YZJ 吸合，使导线 301-684 恢复供电，使保护电路恢复正常，信号灯灭。

③ 牵引电动机过流保护。

依靠 1～6ZLH 相应的直流电流互感器检测信号输入 ZGZK。

支路由导线 687 输出执行信号，GLZJ 吸合动作，使 QD 分闸。线路为 401→GLZJ$_{常开}$闭合→402→QDK$_{常开}$闭合→QD 分闸线圈 F 得电→300。

另一条支路经过 ZGZK 另六路 551～556 中相对应的一路，接通显示屏"牵引电机 1～6"信号灯。

实现牵引电动机过流保护，需操作"主断路器合"，经 QDK 联锁接通 YZJ 吸合，使导线 301-684 恢复供电，使保护电路恢复正常，信号灯灭。

④ 辅助电路保护。

辅助电路过流保护通过辅助过流继电器 FGJ 吸合动作。

支路接通导线 401-402，使 QD 分闸。线路为 401→FGJ$_{常开}$闭合→402→QDK$_{常开}$闭合→QD 分闸线圈 F 得电→300。

另一条支路接通 401-413，使 FGZJ 得电闭合，并保持记忆。线路为 401→FGZJ$_{常开}$闭合→413→FGZJ 线圈得电吸合→300。接通显示屏"辅助过流"信号灯。

若要恢复"辅助过流"保护，需操作"主断路器合"通过 FZJ 进行恢复。

⑤ 辅机过流保护。

当某一辅助电机发生短路、单相或堵转过电流时，依靠 1～10GJZ 相应的辅机保护装置动作，切除相应的辅机接触器，断开辅机进行保护。

一旦出现接触器无法打开的故障，则过流会继续，需执行二次保护，通过 GZJ 内的中间继电器，接通导线 402，使 QD 分闸保护。

当辅机过流消失后，辅机接触器自行恢复；相应的辅机保护插件板的面板信号灯有记忆显示需人工确认后，按动面板上按钮恢复。

（2）接地保护。

① 主电路接地保护。

在主电路接地故障发生后，1ZJDJ 或 2ZJDJ 接地继电器动作吸合，接通导线 401-402 使 QD 分闸。线路为 401→1ZJDJ 常开闭合→402→QDK 常开闭合→QD 分闸线圈 F 得电→300。

同时，通过其机械锁扣的记忆联锁接通显示屏"主接地 1"或"主接地 2"信号灯。操作"主断路器合"，通过 FZJ 接通导线 401-411，使接地继电器恢复线圈 HF 得电吸合，机械锁扣脱扣而恢复信号显示。线路为 401→FZJ 常开闭合→411→1ZJDJ 的 HF 恢复线圈得电吸合→300。

② 辅助电路接地保护。

辅助电路接地故障发生后，依靠 FJDJ 辅助接地继电器动作吸合，同理接通导线 401-402 使 QD 分闸。线路为 401→FJDJ 常开闭合→402→QDK 常开闭合→QD 分闸线圈 F 得电→300。

同时，其联锁接通显示屏"辅接地"信号灯，另一常开联锁接通导线 123-124 自锁记忆。操作"主断路器合"，通过 FZJ 切断自锁电路而恢复信号显示。

贴士 4：主电路接地继电器的结构及作用。

主电路接地继电器采用双线圈结构，分为动作线圈和恢复线圈。动作线圈接在主电路上，主电路接地故障时，通过 210 号线接通 110 V 直流稳压电源使该继电器吸合，衔铁触动显示信号机构脱扣，起到信号显示记忆的作用；恢复线圈装在信号机构中，由控制电路供电，操作恢复线圈得电动作可以消除信号记忆而使信号机构复原。

贴士 5：恢复中间继电器 FZJ 的作用。

恢复中间继电器 FZJ 起到各种故障保护环节的恢复功能。

只要重新按下"主断路器合"按键开关，FZJ 得电吸合。通过断开导线 401-412 实现网侧过流保护，辅助电路过流保护，零压保护恢复；通过接通导线 401-411 实现主电路接地保护；通过断开导线 124-300 实现辅助电路接地保护的恢复。

（3）零压保护。

机车零电压保护是当机车运行中接触网电压消失为 0，失压时间大于 1 s 后，零压时间继电器 LYSJ 延时闭合，LYSJ 常闭联锁接通导线 412-418，使零压中间继电器 LYZJ 线圈经 QDK 主断路器常开联锁得电动作吸合，并在导线 419-300 间自锁。线路为 401→FZJ 常闭→412→LYSJ 常闭→418→LYZJ 线圈得电→419→LYZJ 常开闭合//QDK 常开联锁闭合→300。

LYZJ 另一常开联锁闭合接通导线 430-402，使主断路器 QD 分闸。线路为 430→3KYK 常开→LYK 运位→LYZJ 常开闭合→402→QDK 常开闭合→QD 分闸线圈 F 得电→300。

贴士 6：LYZJ 的作用。

LYZJ 联锁接通导线 416-402 使主断路器 QD 分闸；LYZJ 接通显示屏"零压"信号灯。

（4）制动保护。

制动电流过流、励磁电流过流在制动工况时制动缸风压保护。通过 ZGZK 内的保护环节，经导线 314-334 接通，使 LCZJ 动作吸合切断 LC 线圈电路，从而断开励磁电路。同时，ZGZK 内保护环节接通显示屏"励磁过流"信号灯。

（5）通风保护。

通风保护是依靠 1、2QFJ 牵引风速继电器和 1～4ZFJ 制动风速继电器执行保护的。当通风风量不足时，风速时间继电器 FSJ 延时 3 s 断开电源，FSJ 常开联锁切断预备中间继电器 YZJ 电源，使电子控制柜 ZGZK 失去脉冲触发电源和移相信号，关闭相控整流器，解除牵引工况或制动工况时的动力源。

步骤三：绘制受电弓控制电路（见图 3-4）。

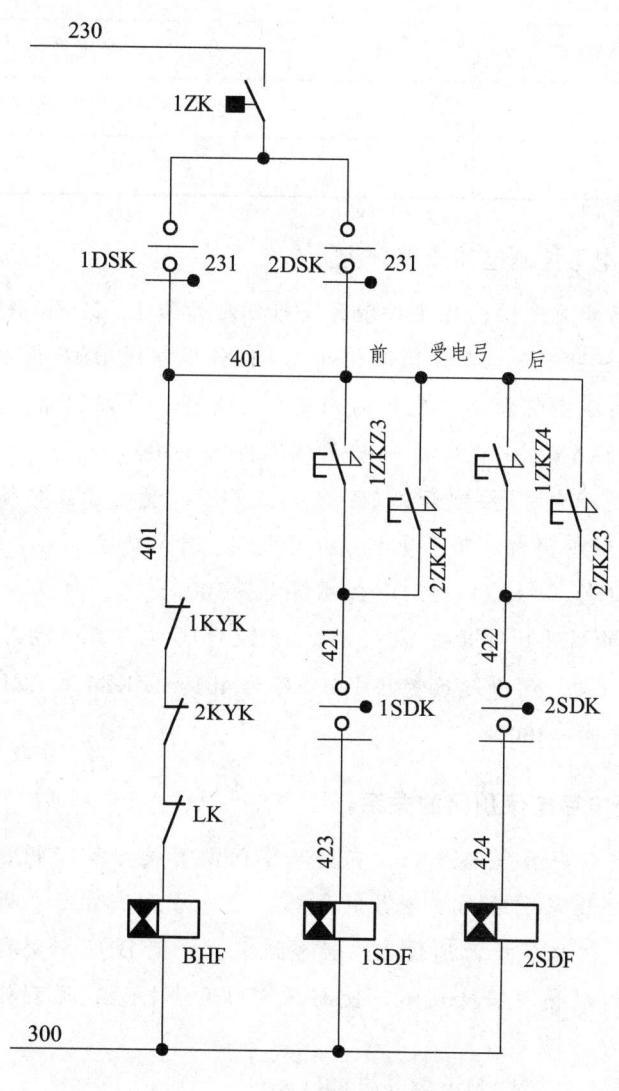

图 3-4　受电弓控制电路

受电弓控制电路电气部件的代号如表 3-4 所示。

表 3-4 受电弓控制电路电气部件的代号

文字符号	名　称
1ZK	自动开关
1～2DSK	钥匙开关
LK	车顶门联锁开关
BHF	保护阀
1、2ZKZ	升、降弓按键开关
1～2SDK	受电弓故障隔离转换开关
1～2SDF	受电弓电空阀

理论链接 4：受电弓控制电路原理分析。

电源由 1ZK 自动开关提供，经主按键开关箱钥匙开关 1、2DSK 使导线 401 得电。

一条支路通过 1～2KYK 与车顶门联锁开关 LK 使保护阀 BHF 得电吸合，开通高压室门联锁气路，使各高压室门锁闭，完成通向受电弓升弓的气路准备。线路为 230→1DSK 或 2DSK→401→1～2KYK 常闭→LK 常闭→BHF 线圈得电→300。

另一路 401 经"前受电弓"按键开关 1ZKZ3 或 2ZKZ4、受电弓故障隔离转换开关 1SDK，使前受电弓电空阀 1SDF 得电，开通受电弓升弓气路，升起前受电弓。线路为 401→1ZKZ3 或 2ZKZ4→421→1SDK 运位→424→1SDF 线圈得电→300。

同理，经"后受电弓"按键开关 1ZKZ4 或 2ZKZ3、受电弓故障隔离转换开关 2DSK，后受电弓电空阀 2DSF 得电，可升起后受电弓。线路为 401→1ZKZ4 或 2ZKZ3→422→2SDK 运位→424→2SDF 线圈得电→300。

理论链接 5：受电弓与保护阀的关系。

把受电弓气路与门联锁气路串联，在高压室门没有关好或门联锁阀没有锁到位时，则门联锁阀不开通，堵塞了通向受电弓的气路，受电弓无法升起。而在受电弓升起处于工作状态时，因有交流保护电源通过 LYGZ 整流装置，使 BHF 始终得电，保证了门联锁阀气路的开通，使门联锁阀保持锁闭，使高压室门无法打开，达到保证乘务人员安全的目的。

步骤四：绘制主断路器控制电路（见图 3-5）。

主断路器控制电路电气部件的代号如表 3-5 所示。

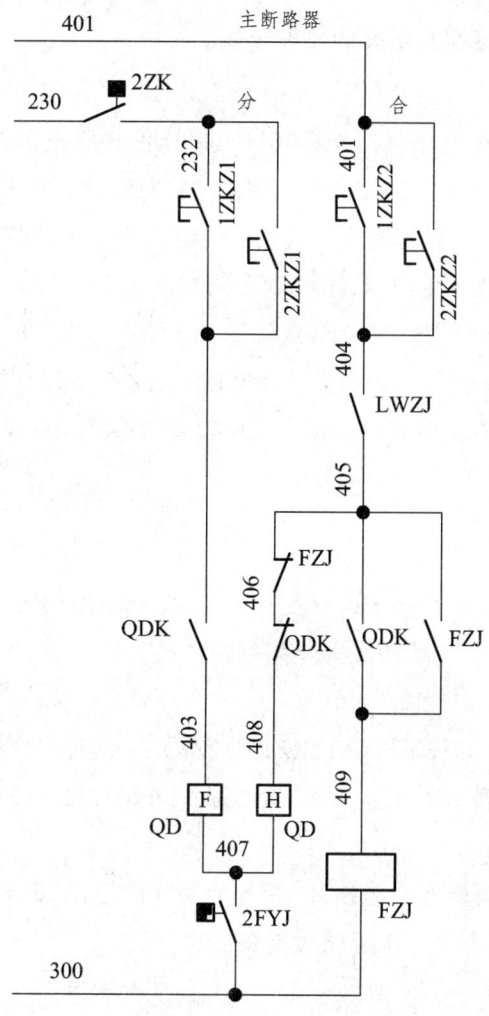

图 3-5 主断路器控制电路

表 3-5 主断路器控制电路电气部件的代号

文字符号	名　称
2ZK	自动开关
1、2ZKZ	合、分闸按键开关
LWZJ	零位中间继电器
2FYJ	风压继电器
H、F	合、分闸线圈

理论链接6：主断路器控制电路的原理分析。

① 主断路器合闸。

当司机控制器状态和主电路状态处在"0"位、风压保护继电器2FZJ在风压大于450 kPa时闭合，按下"主断路器合闸"控制按键1ZKZ2或2ZKZ2，经LWZJ、FZJ、QDK、2FYJ使主断路器合闸线圈得电，主断路器动作合闸。线路为401→1ZKZ2或2ZKZ2→LWZJ$_{常开}$闭合→405→FZJ$_{常闭}$→406→QDK$_{常闭}$→408→QD合闸线圈H→2FYJ$_{常开}$闭合→300。

同时，通过QDK联锁接通恢复中间继电器FZJ线圈电路，FZJ吸合动作并自锁，并通过QDK常闭联锁切断QD合闸线圈电路，避免在1、2ZKZ2处于按下状态时发生故障跳主断路器后再出现重合闸现象。线路为401→1ZKZ2或2ZKZ2→LWZJ$_{常开}$闭合→405→FZJ$_{常开}$闭合（QDK自锁）→FZJ线圈得电→300。

贴士7：2FYJ的作用。

2FYJ风压保护继电器是根据总风缸压力大小而产生动作的，其动作参数为450 kPa，从而保证主断路器分闸时有足够的压力空气进行灭弧。

② 主断路器分闸。

当主断路器在闭合位时，按下按键1ZKZ1或2ZKZ1，通过闭合的QDK常开触头使主断路器分闸线圈得电，主断路器动作分闸。线路为230→2ZK→232→1ZKZ1或2ZKZ1→QDK$_{常开}$→403→QD分闸线圈F得电→300。

分闸后QDK常开触头恢复状态断开，断开分闸线圈电路，同时合闸线圈电路中的QDK常闭触头恢复闭合状态，为下一次合闸做准备。

贴士8：QDK联锁。

QDK联锁触头中常开触头得电后闭合，常闭触头得电断开，几组触头同时动作。在"401→1ZKZ2→LWZJ$_{常开}$闭合→405→FZJ$_{常闭}$→406→QDK$_{常闭}$→408→QD合闸线圈H→2FYJ$_{常开}$闭合→300"这条线路中，合闸线圈得电，QDK常闭触头立刻断开，切断合闸线圈电路。同时，QDK常开触头立刻闭合，为主断路器分闸做准备。

步骤五：绘制劈相机控制电路（见图3-6）。

劈相机控制电路电气部件的代号如表3-6所示。

理论链接7：劈相机控制电路的原理分析。

劈相机控制是完成其他辅机控制的先决条件。

（1）导线431得电。

按下劈相机的按键开关1ZKZ5或2ZKZ5，接触网电压正常，则零压时间继电器LYSJ闭合，导线431得电。

线路为230→5ZK→235→1ZKZ5或2ZKZ5→430→LYSJ$_{常开}$//LYK$_{故位}$//3KYK$_{常开}$→431。

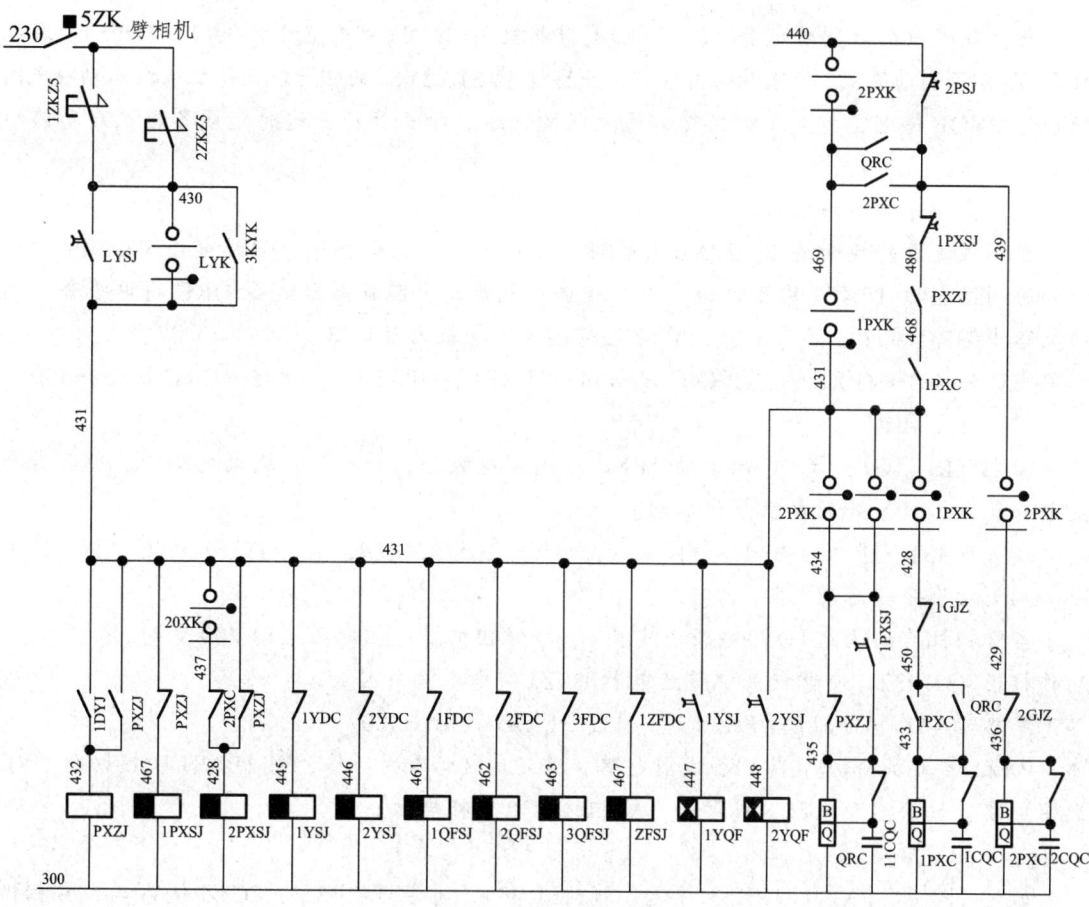

图 3-6 劈相机控制电路

表 3-6 劈相机控制电路电气部件的代号

文字符号	名　称
1DYJ	电压继电器
PXZJ	劈相机中间继电器
1~2PXSJ	劈相机时间继电器
1~2PXK	劈相机故障隔离开关
1~2PXC	劈相机接触器
1~2YDC	压缩机接触器
1~2YSJ	压缩机时间继电器
1~3FDC	通风机接触器
1~3QFSJ	牵引风机时间继电器
ZFSJ	制动风机时间继电器
1~2YQF	压缩机启动放风阀
QRC	启动电阻接触器
1~2GJZ	辅机过流保护装置

此时各辅机的时间继电器1、2PXSJ（劈相机），1、2YSJ（空压机），1~3QFSJ（通风机），ZFSJ（制动风机）线圈均得电吸合，并通过1YSJ、2YSJ的常开联锁使压缩机启动放风阀1YQF、2YQF得电，打开压缩机气缸通大气的通道，排出背压，这时完成各辅机启动前的准备。

（2）接入分相启动电阻。

劈相机故障转换开关1、2PXK（并联）在运行位时，劈相机中间继电器PXZJ常闭联锁和时间继电器1PXSJ常开联锁，使劈相机分相启动电阻接触器线圈QRC得电吸合，辅助电路中QRC常开主触头闭合，启动电阻接入劈相机启动电路。

线路为431→1PXK运位//2PXK运位→434→1PXSJ常开//PXZJ常闭→435→QRC线圈→300。

（3）1PX启动。

经1PXK、1GJZ、QRC闭合使1PXC线圈得电吸合，并自锁，辅助电路中1PXC常开主触头闭合，1PX开始电阻分相启动。

线路为431→1PXK运位→428→1GJZ常闭→450→1PXC常开//QRC常闭→433→1PXC线圈→300。

（4）切除分相启动电阻。

当劈相机启动达到1DYJ电压整定值时，即劈相机发电相电压达到209 V时，依靠1DYJ动作接通431-432，使劈相机中间继电器PXZJ得电吸合并自锁。

线路为431→1DYJ常开//PXZJ常开→432→PXZJ线圈→300。

PXZJ常闭联锁切断1PXSJ线圈电路，并延时1 s释放动作，则1PXSJ联锁切断QRC线圈电路，切除启动电阻完成第一台劈相机电阻分相启动。

（5）2PX启动。

通过1PXC、PXZJ、1PXSJ接通导线431-439，再经过2PXK、2GJZ使第二台劈相机接触器2PXC线圈得电吸合。

线路为431→1PXC常开→468→PXZJ常开→480→1PXSJ常闭→439→2PXK运行→429→2GJZ常闭→436→2PXC线圈→300。

辅助电路中2PXC常开主触头闭合，第二台劈相机接入辅助电路，在第一台劈相机提供三相电源情况下直接启动。

（6）440得电。

依靠2PXC常闭联锁切断2PXSJ线圈电路，并延时3 s释放动作，2PXSJ常闭联锁接通导线439-440，为各辅机按键开关提供控制电源。

贴士9：QRC启动电阻接触器的作用。

韶山3型电力机车劈相机是采用电阻进行分相启动的。当劈相机的分相启动达到一定转速时，闭合劈相机中间继电器PXZJ，该中间继电器的常闭触点使接触器QRC失电，从而断开劈相机启动电阻1PXR，从而切除启动电阻，目的是防止启动电阻因通电时间过长而发热烧坏。

贴士10：430-431电路中各联锁的作用。

LYSJ联锁：保证网压正常时使劈相机投入工作。辅机运行中一旦网压失压，LYSJ自动切断，控制辅机停机；当网压恢复时，即使"劈相机"按键开关处在未断开的不正常状态，也保证按正常程序启动。

LYK 零压故障隔离开关常闭联锁：在零压保护故障和低压电气试验时对 LYSJ 进行短接，接通导线 431。

3KYK 库用刀开关常开联锁：在库内使用库用辅助电源时短接零压保护联锁，接通导线 431。

贴士 11：431-439 电路中各联锁的作用。

1PXC 常开联锁：保证两台劈相机正常状态下劈相机启动的先后顺序。

PXZJ 常开联锁：确认第一台劈相机转速达到 1300 r/min，发电相电压达到 209 V 后切除启动电阻。

1PXZJ 常闭联锁：延时 1 s 闭合，保证第一台劈相机工作状态达到稳定值后，才启动第二台劈相机工作。

步骤六：绘制空气压缩机控制电路（见图 3-7）。

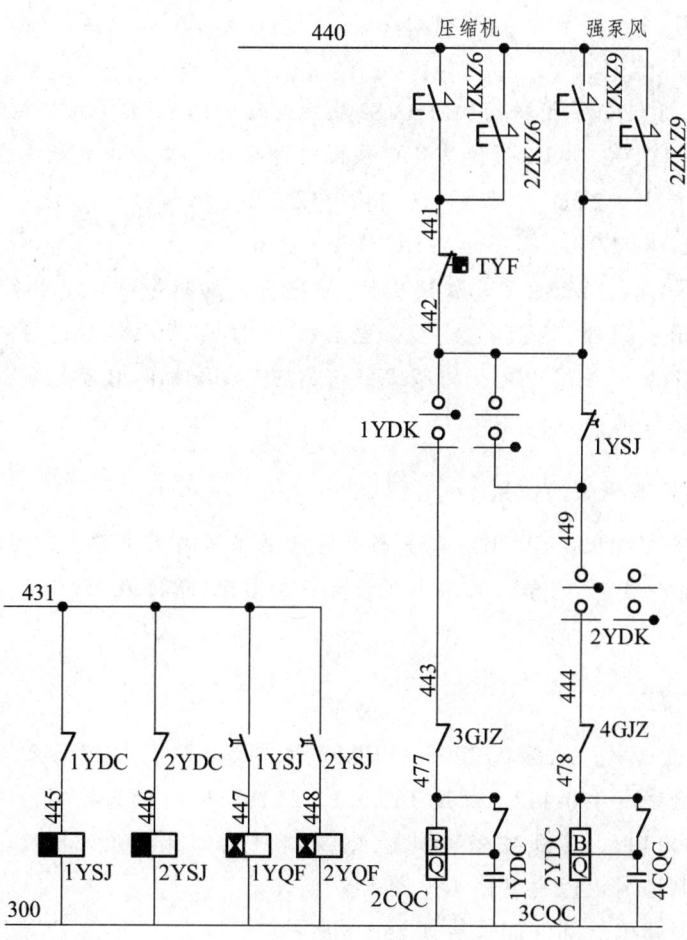

图 3-7 空气压缩机控制电路

空气压缩机控制电路电气部件的代号如表3-7所示。

表3-7 空气压缩机控制电路电气部件的代号

文字符号	名　称
YDC	压缩机接触器
YSJ	压缩机时间继电器
YQF	压缩机启动放风阀
TYF	调压阀

理论链接8：空气压缩机控制电路的原理分析。

按下"压缩机"按键开关1ZKZ6或2ZKZ6，经调压阀TYF再经压缩机故障转换开关1YDK、过流继电器3GJZ，使1YDC线圈得电吸合，其常开主触头在辅助电路中接通1YD压缩机启动。1YD启动线路为440→1ZKZ6$_{常开}$→441→TYF$_{常闭}$→442→1YDK$_{运位}$→3GJZ$_{常闭}$→1YDC线圈得电→330。

1YD启动后，1YDC常闭联锁切断1YSJ线圈电路，1YSJ常闭联锁延时3 s闭合，接通导线442-449，经2YDK、4GJZ，使2YDC线圈得电吸合，其常开主触头在辅助电路中接通2YD压缩机投入使用。2YD启动线路为440→1ZKZ6$_{常开}$→441→TYF$_{常闭}$→442→1YDK$_{运位}$→2YDK$_{运位}$→444→4GJZ$_{常闭}$→478→2YDC线圈→330。

1YDC线圈得电后，1YSJ常开联锁延时3 s断开，切断导线431-447，使电空阀1YQF关闭排大气的通道；同理，2YDC线圈得电后，2YSJ常开联锁延时3 s断开，切断导线431-448，使2YQF失电关闭排大气的通道，完成空气压缩机的启动控制，空气压缩机进入工作状态向总风缸供风。

贴士12：TYF调压阀的作用。

当总风缸气压达到900 kPa时，TYF断开空气压缩机线圈电路，空气压缩机停止工作，风压降至700 kPa时TYF闭合，又按上述步骤分别启动1YD及2YD，空气压缩机重新向总风缸供气。

贴士13：强泵风。

总风缸用风过程中，风压在700～900 kPa时需要补风，按下强泵风按键1ZKZ9或2ZKZ9，直接接通导线440-442，短接TYF，1、2YDC不受TYF控制，两台空压机同时工作至风压达到1000 kPa，高压安全阀排气，司机需手动断开强泵风按键。

步骤七：绘制通风机控制电路（见图3-8）。

通风机控制电路电气部件的代号如表3-8所示。

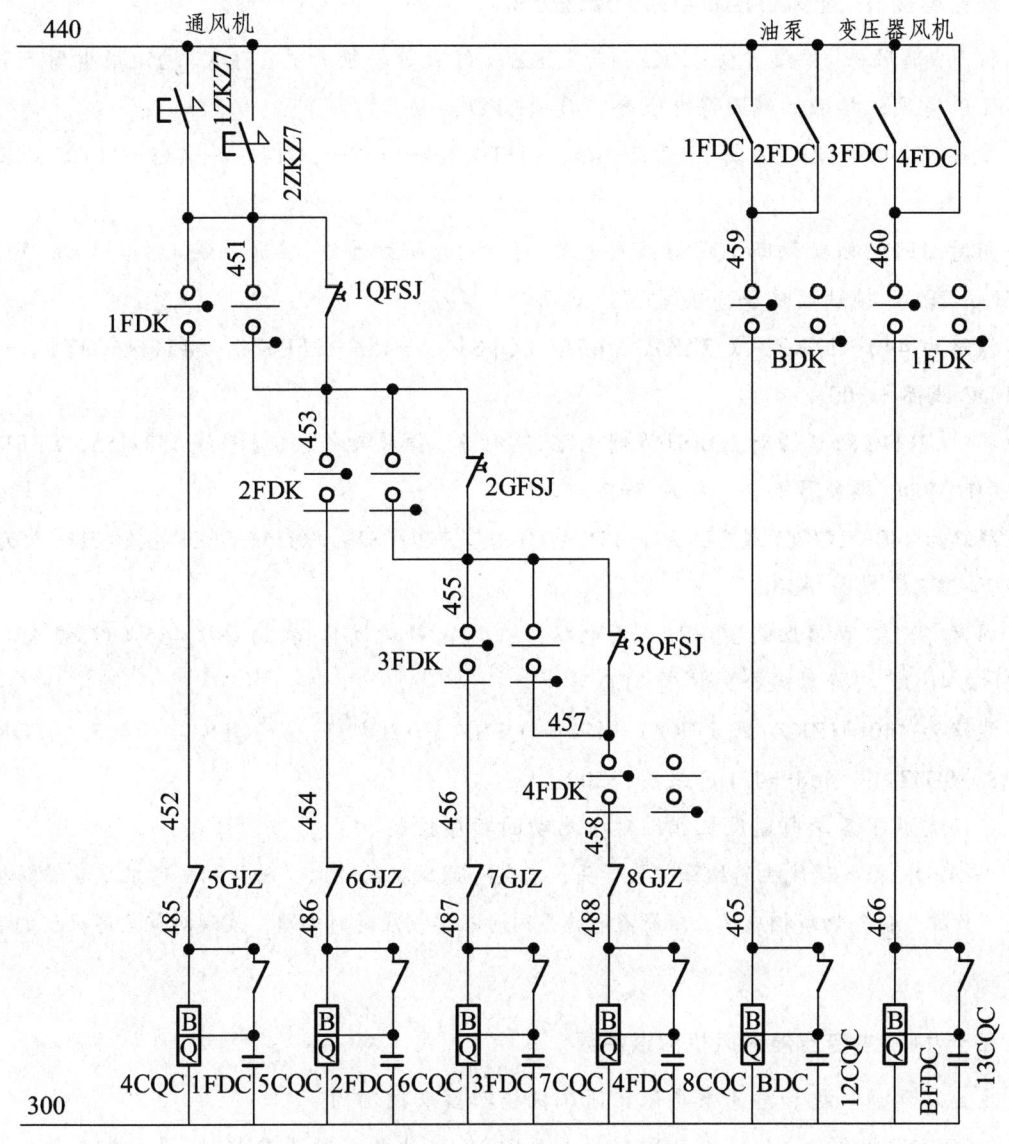

图 3-8　通风机控制电路

表 3-8　通风机控制电路电气部件的代号

文字符号	名　称
QFJ	牵引风速继电器
ZFJ	制动风速继电器
FSJ	风速时间继电器
QFSJ	牵引风机时间继电器

理论链接 9：通风机控制电路的原理分析。

按下"通风机"按键开关 1ZKZ7 或 2ZKZ7，经故障转换开关 1FDK、过流继电器 5GJZ，使 1FDC 通风机接触器线圈得电吸合，接通 1FD 启动。

线路为 440→1ZKZ7 或 2ZKZ7→451→1FDK$_{运位}$→452→5GJZ$_{常闭}$→485→1FDC 线圈→300。

同时，1FDC 联锁切断 1QFSJ 线圈电路，延时 3 s 释放动作，接通导线 451-453，经 2FDK、6GZJ 使 2FDC 接触器吸合，接通 2FD 启动。

线路为 440→1ZKZ7 或 2ZKZ7→451→1QFSJ$_{常闭}$→453→2FDK$_{运位}$→454→6GJZ$_{常闭}$→486→2FDC 线圈→300。

同时，2FDC 联锁切断 2QFSJ 线圈电路，延时 3 s 释放动作，接通导线 453-455，经 3FDK、7GZJ 使 3FDC 接触器吸合，接通 3FD 启动。

线路为 440→1ZKZ7 或 2ZKZ7→451→1QFSJ$_{常闭}$→2QFSJ$_{常闭}$→455→3FDK$_{运位}$→456→7GJZ$_{常闭}$→487→3FDC 线圈→300。

同时，3FDC 联锁切断 3QFSJ 线圈电路，延时 3 s 释放动作，接通导线 455-457，经 4FDK、8GZJ 使 4FDC 接触器吸合，接通 4FD 启动。

线路为 440→1ZKZ7 或 2ZKZ7→451→1QFSJ$_{常闭}$→2QFSJ$_{常闭}$→3QFSJ$_{常闭}$→457→4FDK$_{运位}$→458→8GJZ$_{常闭}$→488→4FDC 线圈→300。

从而完成了各牵引通风机相继延时启动的顺序控制。

1~4FDK 是各通风机的故障转换开关，当某一通风机故障时，转换相应通风机故障转换开关置"故障"位，切断相应接触器线圈电路，同时短接相应延时电路，实现对相应通风机的故障隔离。

贴士 14：主变压器通风机和潜油泵。

主变压器通风机和潜油泵是依靠通风机接触器来控制的。

1~2FDC 闭合后，经油泵故障转换开关 BDK 使油泵接触器 BDC 线圈得电吸合，接通油泵 BD 启动。线路为 440→1FDC$_{常开}$/2FDC$_{常开}$→459→BDK$_{运位}$→465→BDC 线圈→300。

3~4FDC 闭合后，经变压器通风机故障转换开关 BFDK 使变压器通风机接触器 BFDC 线圈得电吸合，接通风机 BFD 启动。线路为 440→3FDC$_{常开}$//4FDC$_{常开}$→460→BFDK$_{运位}$→466→BFDC 线圈→300。

步骤八：制动通风机控制电路（见图 3-9）。

制动通风机控制电路电气部件的代号如表 3-9 所示。

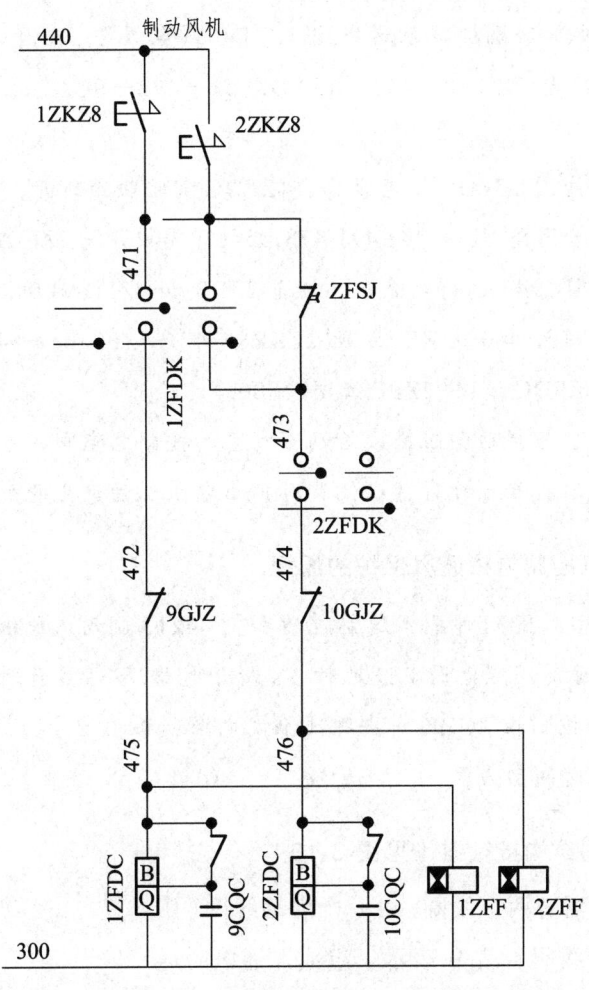

图 3-9 制动通风机控制电路

表 3-9 制动通风机控制电路电气部件的代号

文字符号	名　称
1～2ZFDK	制动风机故障隔离开关
1～2ZFDC	制动风机接触器
1～2ZFF	制动电阻排风电空阀

理论链接 10：制动通风机控制电路的原理分析。

制动通风机包括 1ZFD、2ZFD、3ZFD、4ZFD，其中制动通风机接触器线圈 1ZFDC 控制 1ZFD、2ZFD，线圈 2ZFDC 控制 3ZFD、4ZFD。

按下"制动风机"按键开关 1ZKZ8 或 2ZKZ8，经制动风机故障转换开关 1ZFDK、过流继电器 9GJZ，使制动风机接触器线圈 1ZFDC 得电吸合，接通 1ZFD 和 3ZFD 启动。线路为 440→1ZKZ8 或 2ZKZ8→471→1ZFDK$_{运位}$→472→9GJZ$_{常闭}$→475→1ZFDC 线圈//1ZFF 线圈→300。

制动风机接触器线圈 1ZFDC 得电吸合，1ZFDC 常闭联锁断开，切断 ZFSJ 线圈电路，ZFSJ 常闭联锁延时 3 s 闭合，接通导线 471-473，经故障转换开关 2ZFDK、过流继电器 10GJZ，使制动风机接触器线圈 2ZFDC 得电吸合，接通 2ZFD 和 4ZFD 启动，完成制动通风机延时启动的程序控制。线路为 440→1ZKZ8 或 2ZKZ8→471→ZFSJ$_{常闭}$→473→2ZFDK$_{运位}$→474→10GJZ$_{常闭}$→476→2ZFDC 线圈//2ZFF 线圈→300。

其中 1ZFF、2ZFF 为制动电阻排风活动百叶窗的控制电空阀，在制动机接触器投入工作同时得电，通过气路打开百叶窗，以便及时排出电阻制动产生的热能。

贴士 15：通风机控制电路通风保护的原理。

通风保护是依靠 1、2QFJ 牵引风速继电器和 1~4ZFJ 制动风速继电器执行保护的。当通风风量不足时，风速时间继电器 FSJ 延时 3 s 断开电源，FSJ 常开联锁切断预备中间继电器 YZJ 电源，使电子控制柜 ZGZK 失去脉冲触发电源和移相信号，关闭相控整流器，解除牵引工况或制动工况时的动力源。

贴士 16：双线圈结构接触器（见图 3-10）。

双线圈结构接触器有两个线圈，由一个启动线圈（用 Q 表示）和一个保持线圈（用 B 表示）组成。通电时通过其常闭联锁使启动线圈得电，接触器得电吸合后，改由其保持线圈与启动线圈串联工作，维持线圈得电。从而提高了电器的动作灵敏度以及返回系数。电容 C 的作用是电流波动时，电容向线圈放电，维持电器吸合，以避免"打板"现象的发生。

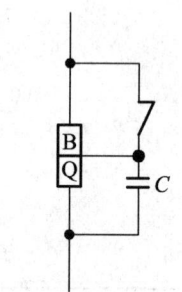

图 3-10 双线圈结构接触器

四、项目实施

1. 学习组织形式

本项目实施中，对学生进行分组，3 人一个工作组。各组制订实施方案及工作计划，组长协助教师指导本组学生学习，检查项目实施进程和质量，制订改进措施，共同完成项目任务。

2．工具材料准备

作业工具包括铅笔、纸张、橡皮、圆规、分度尺、三角板、直尺、画板工具等。

3．作业要求

（1）工具摆放整齐；
（2）正确使用工具；
（3）图纸干净整洁。

4．项目评价（见表3-10）

表 3-10 项目评价

考核标准	考核结果
（1）符合电气制图的标准	（1）3个项目要求为合格，合格成绩为60分。 （2）有一项不符合要求，则不合格
（2）图纸整洁美观	
（3）不超过规定时间	
按要求完成作业	20分
按要求完成拓展项目	20分

五、项目实施过程中可能出现的问题

1．可能出现的问题

绘图工具使用不正确，导致工具损坏等现象；符号标记、线号忘记标上或符号错误。

2．采取措施

在下发任务书的同时，指导老师加强指导。

六、项目作业

绘制完整保护、整备控制电路。

七、拓展项目

（1）绘制并说明当劈相机任意一台有故障时的劈相机控制电路。
（2）绘制并说明当通风机任意一台有故障时的通风机控制电路。

项目四　绘制调速控制电路

一、项目任务及要求

掌握韶山 3 型 4000 系电力机车调速电路的组成及工作原理；绘制调速控制电路图。
时间要求：16 课时。
质量要求：电气图是特殊的专业技术图，它除了遵守国家标准局颁布的《电气工程CAD制图规则》（GB/T 18135—2008）、《电气简图用图形符号》（GB/T 4728.6—2008）、《工业系统、装置与设备以及工业产品结构原则与参照代号》（GB/T 5094.3—2005）、《技术产品及技术产品文件结构原则》（GB/T 20939—2007）的标准外，还要遵守"机械制图""建筑制图"等方面的相关规定，所以要求制图人员必须掌握基本规则。
安全要求：严格按照教室安全管理制度进行项目作业。
文明要求：认真按照教室 5S 管理办法进行项目作业。
环保要求：自觉按照教室 5S 管理要求进行项目作业。

二、项目分析

（一）项目任务理论

调速控制电路是由控制电源供电，主要由主司机控制器和辅助司机控制器进行主令控制的电路，其中主令电器有主司机控制器、辅助司机控制器、电空制动控制器、按键开关、按钮开关等。

调速控制电路的主要功能：机车工况选择（牵引或制动工况）；机车运行方向选择（向前或向后运行）；机车速度调节（调压升、降及磁场削弱）。

调速控制电路的配电：由 3ZK 自动开关经导线 233 提供，再由主司机台按键开关箱的钥匙开关 1DSK、2DSK 进行控制，钥匙开关起电气联锁的作用，只有司机用钥匙合上 1DSK 或 2DSK 后调速控制电路才能进行有效的操纵。

（二）任务分析

调速控制电路一般由位置开关的控制、磁场削弱控制、线路接触器控制、调速控制、故障保护、调车控制器控制等部分组成。本次任务的主要内容是依次画出以上控制电路的原理图。

三、任务实施路径与步骤

（一）任务路径（见图 4-1）

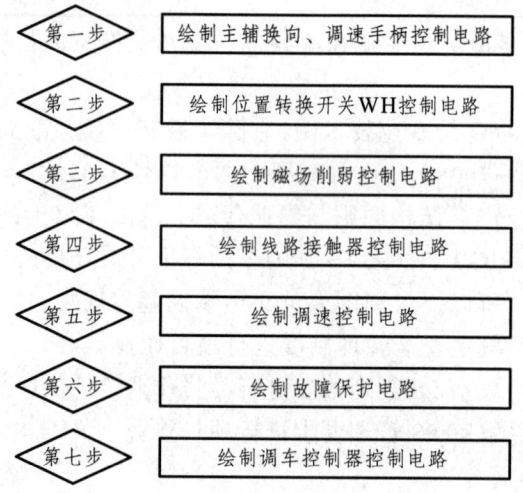

图 4-1 任务路径

步骤一：绘制主司机控制器 1、2SKT 和 1、2SKX 控制电路，辅助司机控制器 1、2FSKX 和 1、2FSKT 控制电路（见图 4-2～4-4）。

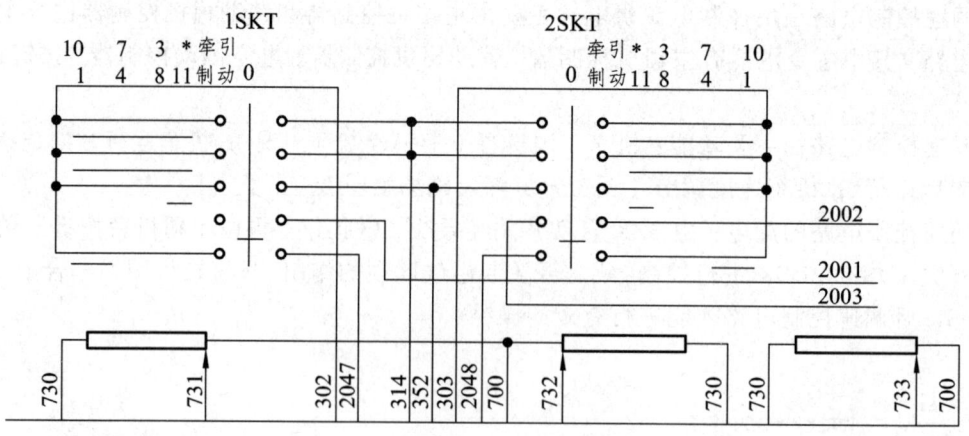

图 4-2 1、2SKT 控制电路图

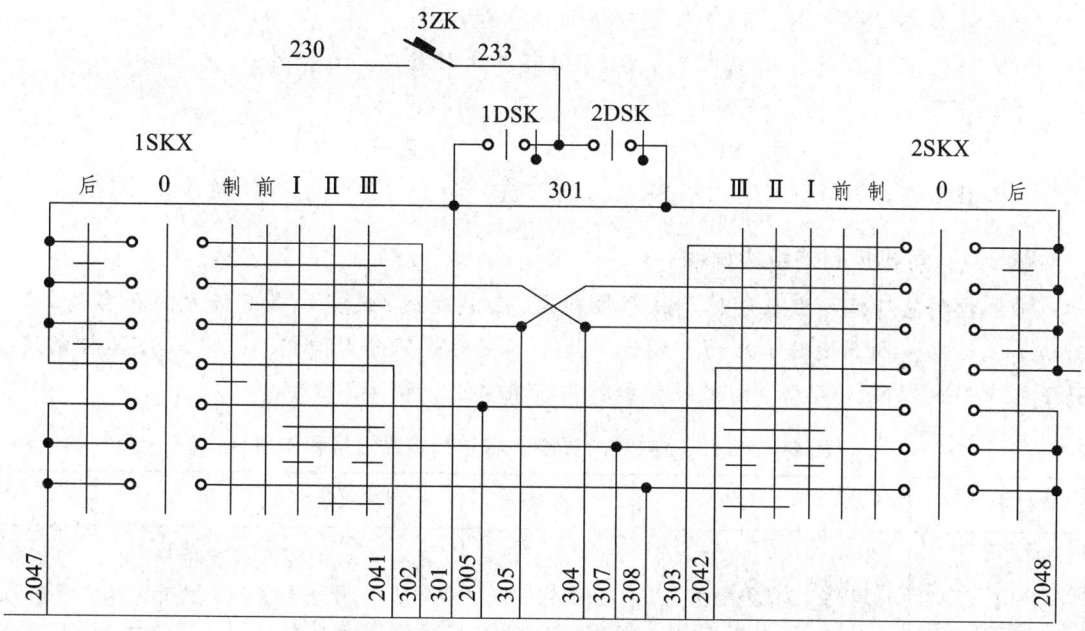

图 4-3 1、2SKX 控制电源电路图

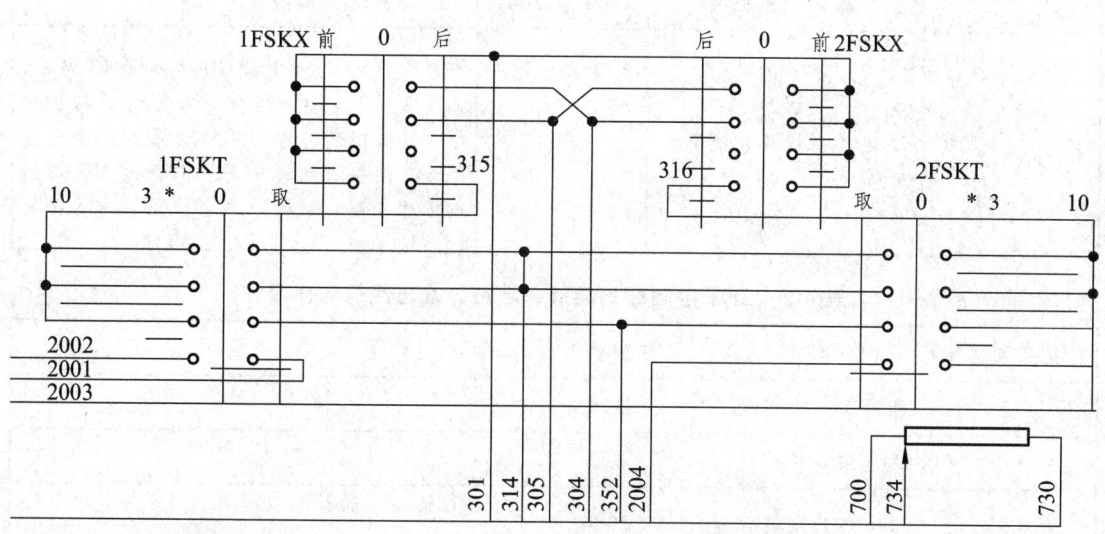

图 4-4 1、2 FSKX 和 1、2FSKT 控制电路图

理论链接 1：司机控制器调速手柄与换向手柄间机械联锁关系。

SKX 有前、后、0、制，Ⅰ、Ⅱ、Ⅲ 级位，SKT 有 0、*、2、4、6、8、10 的牵引级位和 11、9、7、5、3、1、0 的制动级位，为防止误动作，两者间设有机械联锁，保证：

（1）SKX 在"0"时，SKT 在"0"锁住；

（2）SKX 在"前""后"时，SKT 在牵引级位全方位操作；

（3）SKX 在"制"时，SKT 在制动级位全方位操作；

（4）SKX 在Ⅰ、Ⅱ、Ⅲ级位时，SKT 仅可在牵引级 7~10 操作；

（5）SKT 在"0"时，SKX 能选择"前、后、制"操作；

（6）SKT 离开"0"时，SKX 在"前、后、制"的某一位锁住；

（7）SKT 在牵引级 7~10 时，SKX 可从"前"向Ⅰ、Ⅱ、Ⅲ级位操作。

贴士1：司机控制器结构说明。

司机控制器从结构上来说属于鼓形控制器，由换向鼓（改变机车运行方向和实现牵引、制动工况转变）和调速鼓（启动、调速）两个不同功能的鼓形控制器组成。SKX 控制鼓、SKT 控制鼓的层级、名称、输出线号和作用如表 4-1 和表 4-2 所示。

表 4-1　SKX 控制鼓的层级、名称、输出线号和作用

控制鼓层级	名　　称	输出线号	作　用
第 1 层	换向工作控制鼓	302 或 303	单独向对应端的调速手柄 SKT 控制鼓供电，实现同端司机室控制和零位断电保护（工作位供电）
第 2、3 层	"向前""向后"控制鼓	304 或 305	控制 WH 位置转换开关
第 4 层	"制动"控制鼓	2041 或 2042	控制 WH 位置转换开关
第 5、6、7 层	"磁场削弱"控制鼓	2005	电源分别从 SKT 经 2047 或 2048 返回，以实现"7~10"牵引级才能进行磁场削弱的逻辑控制，经 2005 向 ZGZK 电子控制柜提供磁场削弱信息，307 和 308 导线分别对"磁场削弱"电空接触器进行控制

表 4-2　SKT 控制鼓的层级、名称、输出线号和作用

控制鼓层级	名　　称	输出线号	作　用
第 1、2 层	调速工作位控制	314	
第 3 层	工作预备位控制	352	
第 4 层	"0"位控制联锁	2004	向 ZGZK 电子柜提供"手柄""零位"联锁信息

理论链接 2：辅助司机控制器司机控制器调速手柄与换向手柄间机械联锁关系。

辅助司机控制器便于进行调车作业，也称为调车控制器。FSKX 只有"前、后、0"位，实现牵引工况的机车运行方向选择；FSKT 有"取、0、*、2、4、6、8、10"共用主司机控制换向手柄，保证调车控制器与主司机控制器不能同时操作，FSKX 在"0"位时，FSKT 才能取出或插入；FSKT 在"0"位时，FSKX 才能转向"前""后"；FSKX 在"前"或"后"时，FSKT 才能在"0、*、2、4、6、8、10"各牵引位进行调车作业。

步骤二：绘制位置转换开关 WH 控制电路（见图 4-5）。

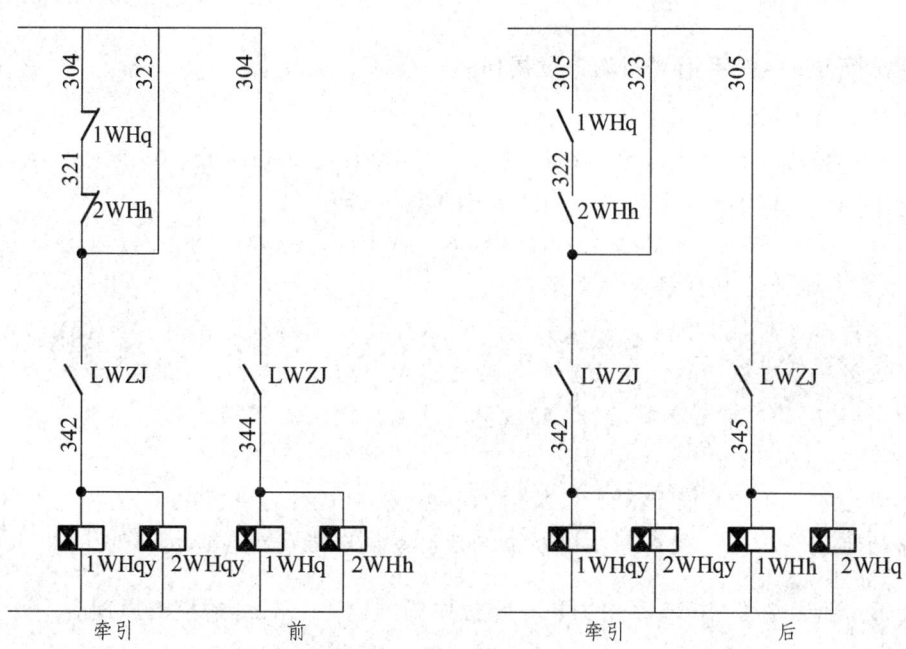

图 4-5　向前牵引和向后牵引控制图

理论链接 3：司机控制器工况选择。

运行方向选择：当换向手柄 SKX 在"前"或"后"位，导线 304 或 305 得电，通过 LWZJ 零位中间继电器常开联锁（0 位时闭合）分别使 1WHq、2WHh 或 1WHh、2WHq 线圈得电动作，位置转换开关转向"向前""向后"位，完成机车运行方向的选择。

牵引工况选择：304 或 305 导线另一路通过 1WHq、2WHh 或 1WHh、2WHq 联锁至导线 323，再通过 LWZJ 联锁闭合使 1WHqy、2WHqy 线圈得电动作，位置转换开关转向"牵引"位，完成机车牵引工况的选择。

贴士 2：位置转换开关的作用。

位置转换开关 WH 是一种鼓形开关，用来改变牵引电机主极绕组的正、反接法以实现机车"向前""向后"的转换；还可用来改变牵引电机串励电动机接法或他励发电机接法，以实现机车"牵引""制动"的转换。

理论链接 4：I 端向前牵引线路。

运行方向选择：将换向手柄 1SKX 推至"前"位，导线 304 得电，通过零位中间继电器的常开联锁使 1WHq、2WHh 线圈得电动作。

线路为 304→LWZJ$_{常开}$→314→1WHq 线圈//2WHh 线圈→300。

牵引工况选择：304 导线另一路通过 1WHq 常开联锁、2WHh 常开联锁至导线 323，再通过 LWZJ 常开联锁闭合使 1WHqy、2WHqy 线圈得电动作，位置转换开关转向"牵引"

位，完成机车牵引工况的选择。

线路为 304→1WHq常开→321→2WHh常开→323→LWZJ常开→342→1WHqy线圈//2WHqy线圈。

理论链接 5：换向手柄"制动"位操作。

以机车Ⅰ端为例：

换向手柄转到"制动"位时，2041得电，经1WHq、2WHh使306得电，经LWZJ常开联锁使1WHz、2WHz线圈得电，完成制动工况的选择。

线路为 2041→1WHq→2043→2WHh→306→LWZJ常开→343→1WHz线圈//2WHz线圈→300。两位置转换开关WH转向"制动"位。

另一路接通1WHz、2WHz常开联锁，使WHZJ线圈得电。同时，WHZJ的常开联锁闭合，通过另一条支路306，经位置中间继电器WHZJ常开联锁、零位时间继电器LWSJ常开联锁（SKT离开0位时闭合）、励磁中间继电器LCZJ常闭联锁，使电空励磁接触器LC线圈得电。

线路为 306→WHZJ常开→2007→LWSJ常开→2008→LCZJ常闭→2009→LC线圈→300。LC在主电路的主触头闭合，完成电阻制动工况牵引电机励磁电路的连接。

贴士 3：韶山3型4000系电力机车零位中间继电器LWZJ的控制原理。

当调速手柄1SKT、2SKT、1FSKT、2FSKT均在零位时，电源从301线经1SKT、1FSKT、2SKT、2FSKT的零位联锁使2004线有电，经1XC-6XC和LC常闭联锁，使零位中间继电器LWZJ线圈得电动作，保证线路接触器全部打开后，才能操作两位置转换开关，以实现两位置转换开关的无电转换（因该型号位置转换开关接于主电路中，属不带电的转换开关，它只能在零位及机车速度为零的情况下进行转换，否则会造成开关的严重烧损及牵引电机产生环火，严重时烧损牵引电机，擦伤机车轮缘）。

步骤三：绘制磁场削弱控制电路（见图4-6）。

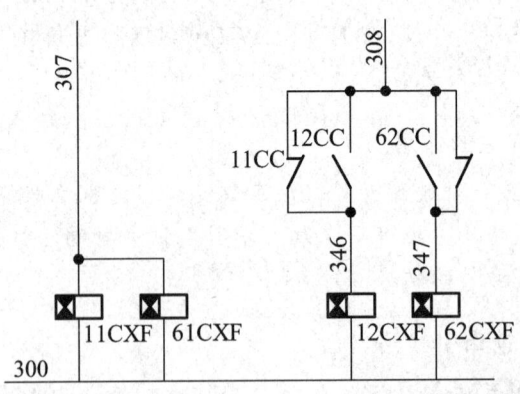

图4-6 Ⅰ级磁场削弱，Ⅱ级磁场削弱控制图

理论链接 6：磁场削弱控制。

机车向前牵引运行时，以Ⅰ端为例。1SKX在"前"位，当1SKT处在"7~10"牵引

级位时，司机方可进行磁场削弱。

Ⅰ级磁场削弱：当SKX转向"Ⅰ"级（Ⅰ级磁场削弱）时，导线307有电，使11CXF、61CXF磁场削弱电空阀得电，11~61CC电空接触器闭合，实现"Ⅰ"级磁场削弱；

Ⅱ级磁场削弱：当SKX转向"Ⅱ"级（Ⅱ级磁场削弱）时，导线308得电，经11CC、61CC常闭联锁使12CXF、62CXF电空阀得电，12~62CC电空接触器闭合，实现"Ⅱ"级磁场削弱；

Ⅲ级磁场削弱：SKX转向"Ⅲ"级（Ⅲ级磁场削弱）时，导线307、308均得电，11、61、12、62CXF电空阀均得电，则11~61CC、12CC~62CC电空接触器均闭合，实现"Ⅲ"级磁场削弱。

步骤四：绘制线路接触器控制电路（见图4-7）。

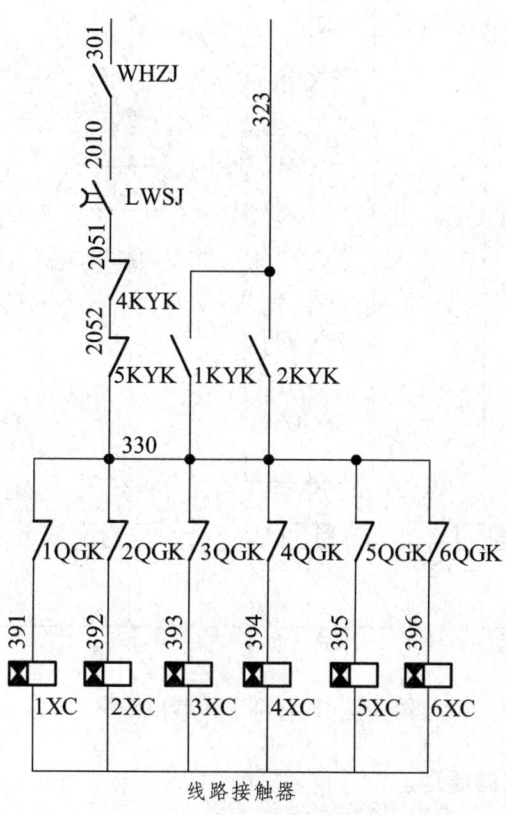

图4-7 线路接触器控制图

理论链接7：线路接触器。

主电路每台牵引电动机分别接入线路接触器1~6XC，采用600A电空接触器。其控制电空阀由301导线供电。当位置中间继电器完成位置工况的选择后，零位时间继电器在调速手柄SKT离开零位时314得电闭合，由于4KYK和5KYK在运位，接触器1~6XC线圈得电，主电路上线路接触器触头闭合，为牵引电机接通供电电路。

以 1XC 线圈得电为例，线路为 301→WHZJ→2010→LWSJ常开→2051→4KYK常用→2052→5KYK常用→390→1QGK→391→1XC 线圈→300。

贴士 4：线路接触器的作用。

调速手柄回零时，切断牵引支路，一方面使两位置开关在 1~6XC 断开状态转换，另一方面断开各支路使牵引电机不处在并联状态，从而可以避免由于电机剩磁所引起的不良后果，提高机车的可靠性。

步骤五：绘制调速控制电路（预备环节控制，见图 4-8）。

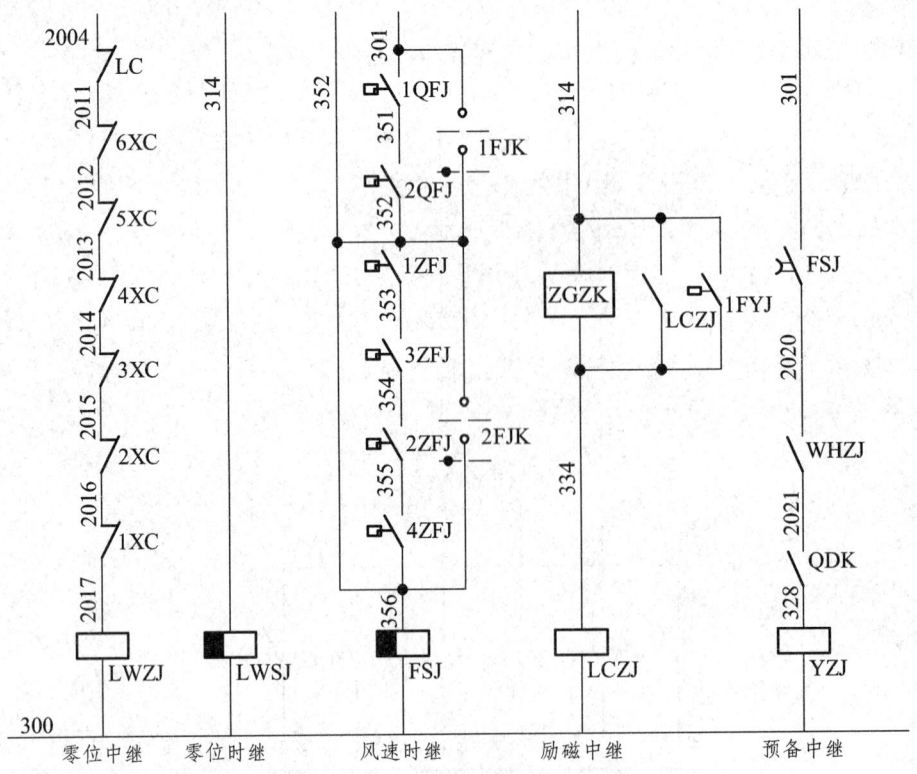

图 4-8 预备环节控制电路图

理论链接 8：调速控制原理。

（1）预备环节。

机车调速操纵前的预备完成，最终是以 YZJ 预备中间继电器得电吸合为完成标志的。预备环节完成条件如下：

① 司机操纵台钥匙开关闭合，导线 301 有电；

② 司机控制器调速手柄转到"*"位，导线 352 有电；

③ 调速手柄转到其他工作位，各通风机已启动，风速继电器正常工作，风速时间继电器完成整备动作；

④ 工况位置选择已完成，位置中间继电器 WHZJ 完成动作；

⑤ 主断路器已经闭合。

当风速时间继电器（FSJ）、位置中间继电器（WHZJ）、主断路器联锁开关（QDK）闭合后，预备中间继电器（YZJ）得电。

线路为 301→FSJ常开→WHZJ常开→QDK常开→328→YZJ 线圈→300。

当调速手柄离开零位时，LWZJ 失电，常闭联锁闭合，通过 YZJ 的联锁使 684 得电，电子控制柜 ZGZK 获得预备完成信息。

线路为 301→LWZJ常开→YZJ常开→684→ZGZK→300。

（2）调速升降环节。

当机车完成全部预备控制后，调速手柄 SKT 转到"牵引"工作位（2～10 级）或"制动"位（11～1 级），此时控制器电位器经导线 731 或 732 送出级位指令（0～15 V），电子控制柜根据不同指令信息完成调速。

贴士 5：牵引或制动时风速继电器 FSJ 的得电路径。

牵引时，若 SKT 在"*"（牵引级位低）时，FSJ 可通过 352 线及 LC 联锁闭合得电；当 SKT 离开"*"时，要开通 1～4FD 通风机，安装在硅整流装置内的牵引风速继电器 1QFJ、2QFJ 动作，由通风保护支路导线 301 通过 1QFJ、2QFJ 和 LC 联锁闭合，使 FSJ 得电。

制动时，要开 1～4ZFD 制动风机，制动风速继电器 1～4ZFJ 动作，使 FSJ 得电。

贴士 6：FJK 的作用。

当风速继电器故障时，可通过 FJK 故障位短接 301 和 352，使 FSJ 得电保持闭合而维持故障运行，使 YZJ 得电闭合，以完成电路预备。

步骤六：绘制故障保护电路（见图 4-9）。

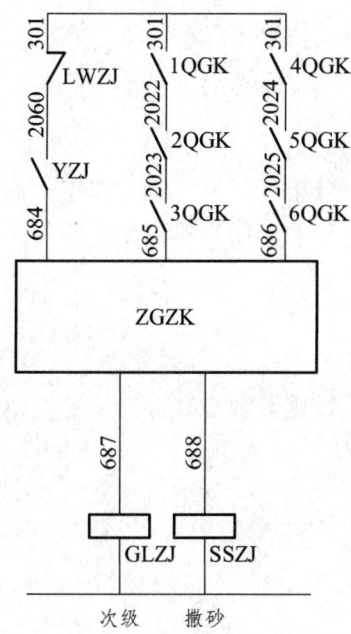

图 4-9　故障保护控制电路图

理论链接 9：故障保护原理。

（1）制动保护。

制动工况时，若发生某牵引电动机电枢电路或励磁电路过电流时，ZGZK 中的保护电路开通，使导线 314-334 接通，励磁中间继电器 LCZJ 得电闭合，切断 LC 线圈电路，LC 打开，从而断开励磁电路，同时加馈电阻制动解除。

此外，制动工况时，若同时出现单元制动器施行制动，其制动缸气压大于 150 kPa，为避免机车制动力过大，造成抱死车轮滑行，轮对擦伤，压力继电器 1FYJ 保护性动作，接通导线 314-334，LCZJ 吸合动作，LC 失电，断开励磁电路，加馈制动被解除。LCZJ 动作的同时，借助自身的常开联锁进行自锁记忆，待 SKT 拉回"0"位后，314 失电，LCZJ 解锁释放，恢复正常。

（2）初制动。

机车运行中使用动力制动时，为避免由于列车的强大惯性冲击，利用空气制动的制动环节作为保护性措施。经导线 314-598-855 的 LC 常开和 FSJ 常闭联锁向电空制动电路供电，使初制动时列车各减压 50 kPa，机车制动上闸 90~130 kPa，依靠初制动电子时间继电器的得电延时 25 s（20~28 s）的作用，初制动 25 s 后自动缓解，从而可实现列车整体的平稳制动。

（3）保护隔离。

机车运行中一旦出现某一台牵引电机故障不能维持使用时，均采用对应的 QGK 隔离开关拉向故障位隔离，此时其常闭联锁切断 ZGZK 导线 301-685 或 301-686 信号，进行"架Ⅰ隔离"或"架Ⅱ隔离"操作。

四、项目实施

1．学习组织形式

本项目实施中，对学生进行分组，3 人一个工作组，但每个人必须进行绘图。各组制订实施方案及工作计划，组长协助教师指导本组学生学习，检查项目实施进程和质量，制订改进措施，共同完成项目任务。

2．工具材料准备

作业工具包括铅笔、纸张、橡皮、圆规、分度尺、三角板、直尺、画板工具等。

3．作业要求

（1）工具摆放整齐；

（2）正确使用工具；

（3）图纸干净整洁。

4．项目评价（见表 4-3）

表 4-3　项目评价

考核标准	考核结果
（1）符合电气制图的标准	（1）3 个项目要求为合格，合格成绩为 60 分。 （2）有一项不符合要求，则不合格
（2）图纸整洁美观	
（3）不超过规定时间	
按要求完成作业	20 分
按要求完成拓展项目	20 分

五、项目实施过程中可能出现的问题

1．可能出现的问题

绘图工具使用不正确，导致工具损坏等现象；符号标记、线号忘记标上或符号错误。

2．采取措施

在下发任务书的同时，指导老师加强指导。

六、项目作业

绘制完整调速控制电路。

七、拓展项目

位置转换开关向后"牵引"工况如何操作。

项目五　韶山3型4000系电力机车常见故障的判断与检修

学习任务一　主电路接地故障

一、项目任务及要求

检修与维护韶山3型4000系电力机车主电路的接地故障。
时间要求：4课时。
质量要求：符合铁路电力机车检修质量验收相关标准和技术规程。
安全要求：严格按照成都铁路局电力机车检修工艺进行项目作业。
文明要求：认真按照成都铁路局电力机车检修工艺进行项目作业。
环保要求：自觉按照成都铁路局电力机车检修工艺进行项目作业。

二、项目分析

（一）项目任务理论

由于电气设备或导电线的绝缘损坏将会造成主接地故障，韶山3型电力机车主接地有两套接地保护系统，分别接在各转向架独立供电电路主整流桥的中点7号线（70号线）上，当发生主接地时，主电路中1ZJDJ或2ZJDJ动作，1ZJDJ或2ZJDJ的常开触点接通主断路器分闸线圈，主断路器分闸，故障显示屏显示"主断"及"主接地1或2"灯亮。

【理论链接】
死接地：导电体直接与车体钢结构接触或绝缘性能不能再恢复，视为"死接地"。
活接地：导电体通过空气对地闪络放电或通过绝缘物表面对地闪络放电，视为"活接地"。

（二）任务分析

1. 基本要求

（1）各部零、部件齐全，无松动及磨损。

（2）绝缘套筒及撑条、电块无松动过热，要求干燥。

（3）线圈及绕组对地绝缘电阻需符合限度要求，各部清洁符合"电力机车清洁度要求"。

2. 常见故障现象

运行中机车跳主断，故障显示屏显示"主断"及"主接地1或2"灯亮。

3. 原因分析

（1）主变压器次边绕组接地。

（2）硅整流柜接地。

（3）平波电抗器接地。

（4）高压电器柜接地。

（5）牵引电机接地。

（6）制动电阻柜接地。

（7）阻容柜接地。

（8）主电路电连接接地。

以上故障会引起主接地继电器 ZJDJ 动作，其常开触点接通主断路器分闸线圈，导致分闸。

三、任务实施步骤（见图 5-1）

【理论链接】

机车运行中接地故障若无法消除和处理，在确认只有一点接地故障的情况下，可以通过主接地故障转换开关 1（2）ZJDK 转向故障位运行，即切除了相应接地继电器，通过高阻接地电阻 1（2）ZJDR（15 kΩ）形成固定接地点，机车故障运行时因已无接地保护，要求司机必须加强巡视，观察仪器仪表，以便发现意外情况时人为采取跳主断路器措施。

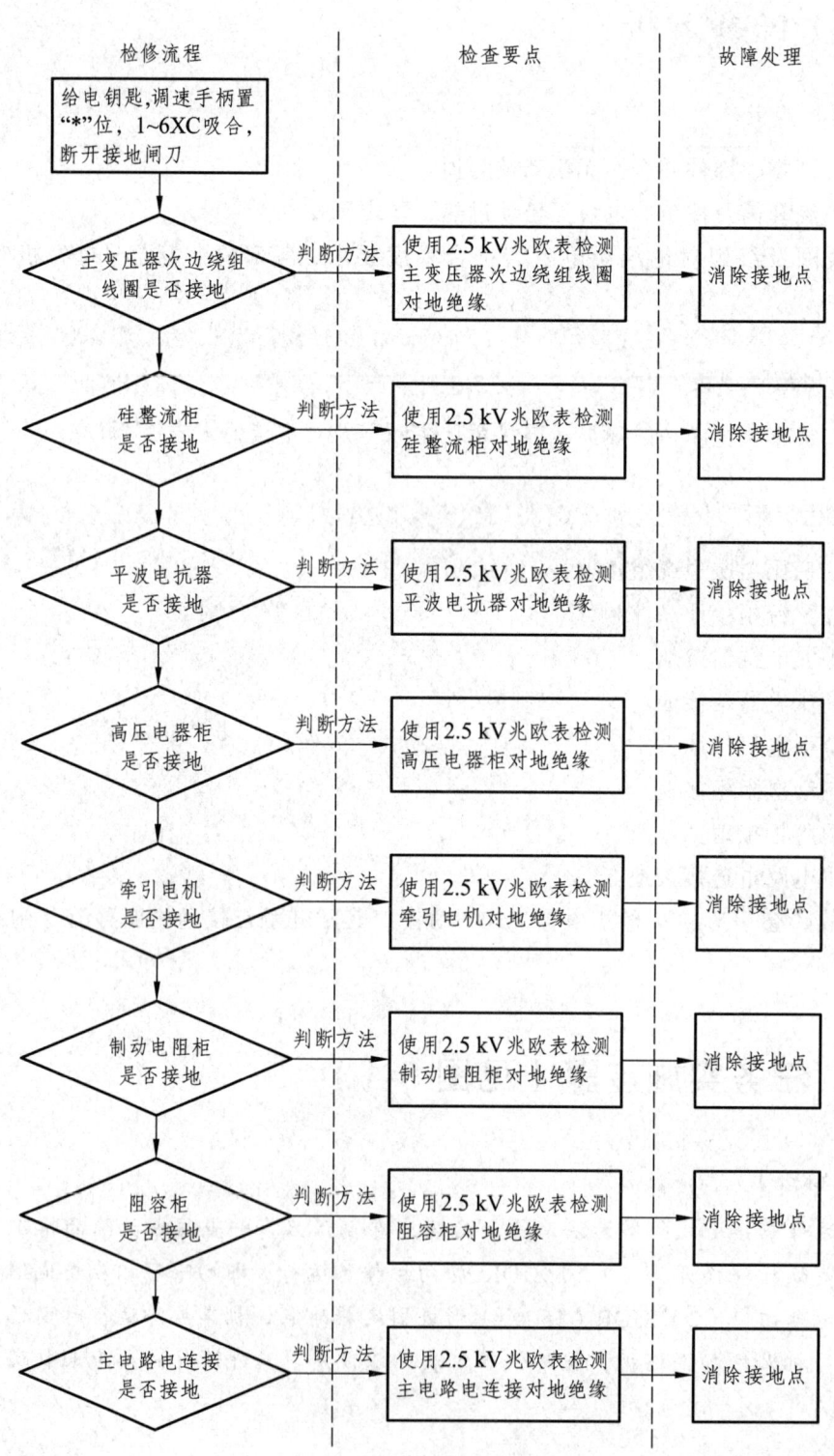

图 5-1 任务实施步骤

四、项目实施

1．学习组织形式

本项目实施中，对学生进行分组，3人一个工作组。各组制订实施方案及工作计划，组长协助教师指导本组学生学习，检查项目实施进程和质量，制订改进措施，共同完成项目任务。

2．工具材料准备

作业工具包括机车电气原理图、2.5 kV兆欧表、TY检测仪、万用表、手电筒、电工常用工具。

3．作业要求

（1）正确着装，穿戴好劳动保护用品。
（2）正确使用工具。
（3）注意自身安全及他人安全，严禁违章作业。

4．项目评价（见表5-1）

表5-1 项目评价

考核标准	考核结果
（1）检修、维护方法符合检修工艺	（1）4项符合要求为合格，合格成绩为60分。 （2）有一项不符合要求，则为不合格
（2）检修、维护质量符合标准	
（3）做到安全、文明"生产"，并符合环保要求	
（4）不超过规定时间	
按要求完成项目作业	20分
按要求完成项目扩展	20分

五、项目实施过程中可能出现的问题及对策

1．可能出现的问题

测量仪表量程选择不正确，导致测量仪表损坏。

2．采取措施

根据实际参数，选择正确的量程。

六、项目作业

查资料说明主接地继电器 ZJDJ 的工作原理及检修工艺。

七、拓展项目

查资料说明 HXD_1 电力机车主电路接地如何实现保护。

学习任务二　主电路次边短路故障

一、项目任务及要求

检修与维护韶山 3 型 4000 系电力机车主电路次边短路故障。
时间要求：4 课时。
质量要求：符合铁路电力机车检修质量验收相关标准和技术规程。
安全要求：严格按照成都铁路局电力机车检修工艺进行项目作业。
文明要求：认真按照成都铁路局电力机车检修工艺进行项目作业。
环保要求：自觉按照成都铁路局电力机车检修工艺进行项目作业。

二、项目分析

（一）项目任务理论

次边电路短路、硅元件支路击穿、整流输出端短路等通过电流互感器 3～6LH（3000 A/1 A）经电子控制柜 ZGZK 进行保护，当次边电路电流达到 3000 A×（1±2%）（有效值）整定值时，电子保护插件动作使主断路器跳闸，故障显示屏显示"次边短路"亮。

（二）任务分析

1. 基本要求

（1）检查外观是否良好，不许有裂纹、断裂、倾斜。
（2）各接线参照《韶山 3 型电力机车原理布线图》。
（3）各部位清洁度达到 II 级。

2. 常见故障现象

运行中机车跳主断，故障显示屏显示"次边短路"亮。

3. 原因分析

（1）整流柜元件击穿、降级。
（2）3～6LH 及取样电阻异常。

(3)阻容柜 RC 电路异常。
(4)过流保护逻辑插件状态异常。

三、任务实施步骤（见图 5-2）

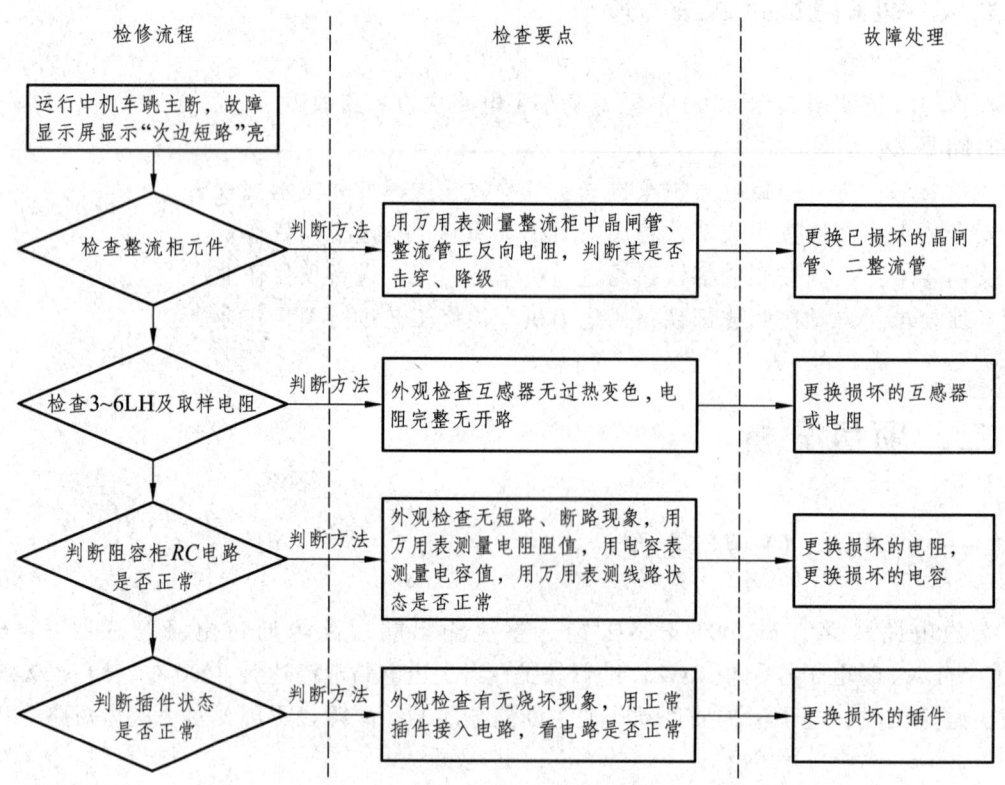

图 5-2 任务实施步骤

【贴士】 判断硅整流柜击穿、降级方法。

(1)晶闸管击穿、降级判断方法。

用万用表×1 kΩ 档，测量晶闸管元件正反向阻值应为无穷大（表针不动）。当电阻为 0 或很小时，则可控硅已击穿；当电阻值较大（几 kΩ）时，则晶闸管降级。可控硅元件击穿或降级必须更换。

(2)晶闸管阴极与门极电阻开路或短路降级判断方法。

用万用表×1 Ω 档，测量晶闸管阴极与门极电阻，电阻应≤20 Ω。若电阻 >20 Ω，则判断门极电阻开路或降级；若电阻为 0，则判断为门极电阻短路。无论门极电阻开路或短路降级，必须更换晶闸管元件。

(3)硅整流管元件击穿、开路或降级判断方法。

用万用表×1 kΩ 档，测量整流管的正、反向阻值。正向阻值应为几 kΩ，反向阻值应为几 kΩ。若元件的正、反向阻值近似为 0，则元件判为击穿；若元件的正向阻值近似于反向阻值，则元件判为开路或降级。二极管元件击穿、开路或降级，必须更换。

四、项目实施

1. 学习组织形式

本项目实施中，对学生进行分组，3 人一个工作组。各组制订实施方案及工作计划，组长协助教师指导本组学生学习，检查项目实施进程和质量，制订改进措施，共同完成项目任务。

2. 工具材料准备

作业工具包括机车电气原理图、万用表、电工常用工具。

3. 作业要求

（1）正确着装，穿戴好劳动保护用品。
（2）正确使用工具。
（3）注意自身安全及他人安全，严禁违章作业。

4. 项目评价（见表 5-2）

表 5-2 项目评价

考核标准	考核结果
（1）检修、维护方法符合检修工艺	（1）4 项符合要求为合格，合格成绩为 60 分。 （2）有一项不符合要求，则为不合格
（2）检修、维护质量符合标准	
（3）做到安全、文明"生产"，并符合环保要求	
（4）不超过规定时间	
按要求完成项目作业	20 分
按要求完成项目扩展	20 分

五、项目实施过程中可能出现的问题及对策

1. 可能出现的问题

插件检测过程中，元器件易损坏。

2. 采取措施

认清插件电路原理图。

六、项目作业

查资料说明 3~6LH 的作用原理及检修工艺。

七、拓展项目

查资料说明 HXD_1 电力机车主电路如何实现次边短路。

学习任务三　原边过流故障

一、项目任务及要求

检修与维护韶山 3 型 4000 系电力机车主电路原边过流及短路故障。
时间要求：4 课时。
质量要求：符合铁路电力机车检修质量验收相关标准和技术规程。
安全要求：严格按照成都铁路局电力机车检修工艺进行项目作业。
文明要求：认真按照成都铁路局电力机车检修工艺进行项目作业。
环保要求：自觉按照成都铁路局电力机车检修工艺进行项目作业。

二、项目分析

（一）项目任务理论

机车运行过程中若变压器原边出现短路，则通过电流继电器 YGJ 及高压电流传感器 1LH 保护。电流达到 400 A×（1±5%）整定值时，电流继电器相应动作电流为 10 A，YGJ 动作吸合使主断路器 QD 分闸。

（二）任务分析

1. 基本要求
（1）检查电器设备外观是否良好，不许有裂纹、断裂、倾斜。
（2）各接线参照《韶山 3 型电力机车原理布线图》。
（3）各部位清洁度达到 Ⅱ 级。

2. 常见故障现象
运行中机车跳主断，故障显示屏显示"原边过流"亮。

3. 原因分析
（1）变压器次边绕组匝间短路。
（2）检查电流继电器 YGJ 常开联锁故障。

三、任务实施步骤（见图5-3）

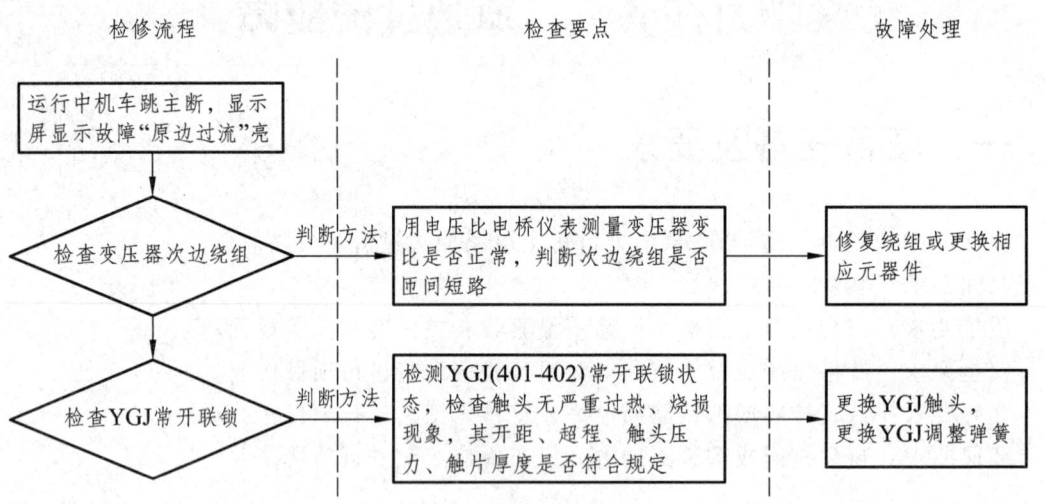

图5-3 任务实施步骤

【理论链接】

当电流继电器 YGJ 线圈中的电流增大至整定电流时，电磁力矩大于弹簧的反作用力矩，框架转动，YGJ 的触头动作。如果 YGJ 的开距过小或 YGJ 的弹簧变软，弹簧的反作用力也将变小，列车在运行过程发生颠簸、接触网电流发生微小的变化都有可能使 YGJ 的常开联锁误动作。

【贴士】 变压器匝间短路的危害及现象。

变压器匝间短路一般是由绕组制造或修理过程中存在的缺陷，以及在绝缘过程中绝缘棒损坏而导致的。匝间短路会引起绕组内电流的增加，导致温度升高，结果损伤绝缘，甚至使绝缘燃烧引起电流继续增加。此外，匝间短路还可能是金属熔化，伤及邻近的绕组。匝间短路现象是变压器异常发热，有时带有特殊的"滋滋"声，电源侧电流有某种高度的增高。

四、项目实施

1. 学习组织形式

本项目实施中，对学生进行分组，3人一个工作组。各组制订实施方案及工作计划，组长协助教师指导本组学生学习，检查项目实施进程和质量，制订改进措施，共同完成项目任务。

2．工具材料准备

作业工具包括机车电气原理图、电压比电桥仪表、继电器电气试验台、电工常用工具。

3．作业要求

（1）正确着装。
（2）正确使用工具。
（3）注意自身安全及他人安全，严禁违章作业。

4．项目评价（见表5-3）

表 5-3　项目评价

考核标准	考核结果
（1）检修、维护方法符合检修工艺	（1）4项符合要求为合格，合格成绩为60分。
（2）检修、维护质量符合标准	（2）有一项不符合要求，则为不合格
（3）做到安全、文明"生产"，并符合环保要求	
（4）不超过规定时间	
按要求完成项目作业	20分
按要求完成项目扩展	20分

五、项目实施过程中可能出现的问题及对策

1．可能出现的问题

变压器检修不规范。

2．采取措施

详细按照机车车上检修工艺流程完成。

六、项目作业

查资料说明主变压器的检修工艺。

七、拓展项目

查资料说明 HXD_1 电力机车原边短路采取的保护措施。

学习任务四　主断路器灭弧瓷瓶炸裂故障

一、项目任务及要求

检修与维护韶山 3 型 4000 系电力机车主断路器灭弧瓷瓶炸裂故障。
时间要求：4 课时。
质量要求：符合铁路电力机车检修质量验收相关标准和技术规程。
安全要求：严格按照成都铁路局电力机车检修工艺进行项目作业。
文明要求：认真按照成都铁路局电力机车检修工艺进行项目作业。
环保要求：自觉按照成都铁路局电力机车检修工艺进行项目作业。

二、项目分析

（一）项目任务理论

主断路器的核心部件是灭弧室，当气源一定时，主断路器的开断容量性能指标主要由灭弧室来决定。主断路器利用机车上的压缩空气来断开电路和熄灭电弧，如果灭弧效果不好，电弧容易击穿瓷瓶，引起瓷瓶的炸裂。

（二）任务分析

1. 基本要求

（1）瓷瓶清洁、无裂纹，安装牢固。
（2）表面烧损需打磨后涂快干绝缘漆处理。
（3）动触头表面光洁无拉伤、损坏。
（4）动触头顶压力行程为 8~12 mm。
（5）动触头弹簧良好，卡箍不得松动，触头灵活。

2. 常见故障现象

主断路器灭弧瓷瓶炸裂。

3. 原因分析

（1）主断路器传动风缸及储风缸积水。
（2）动静触头接触不良。

（3）灭弧瓷瓶的绝缘度降低。
（4）非线性电阻异常。

三、任务实施步骤（见图 5-4）

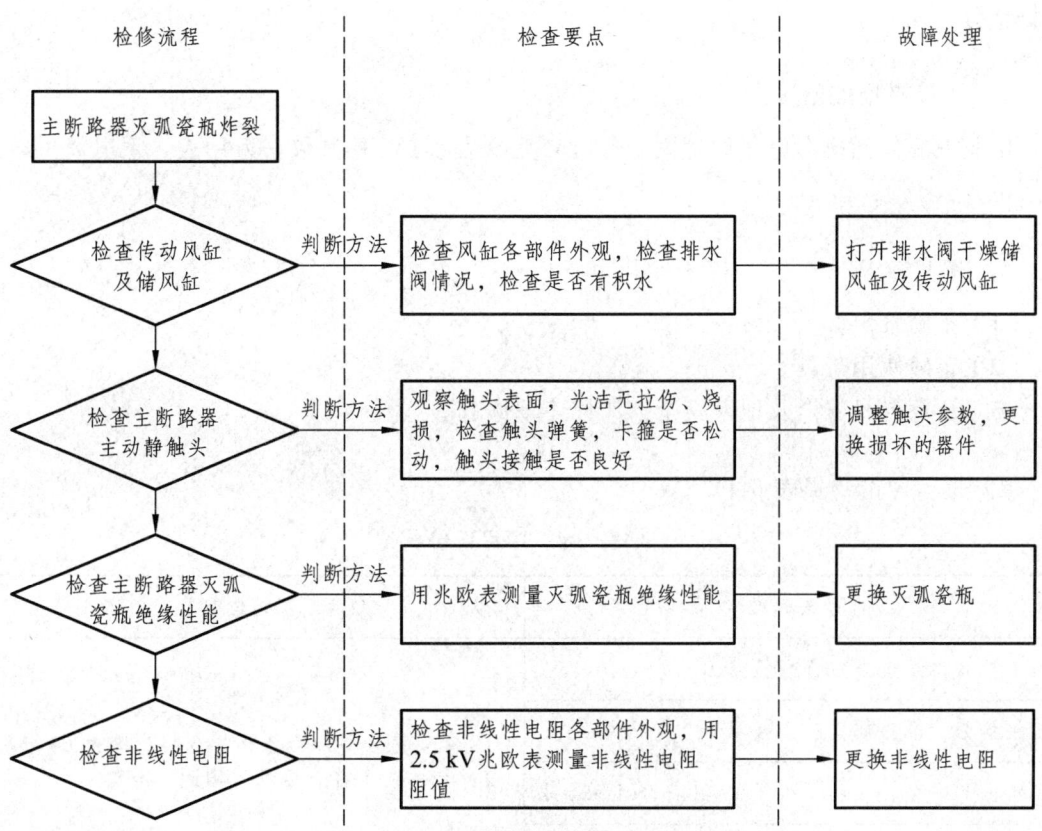

图 5-4　任务实施步骤

【理论链接】

主断路器的传动风缸或主风缸有水，在分闸时，水汽会被带到灭弧室，潮湿的气体会在电弧的作用下，分解成有害气体，导致灭弧室炸裂；同时，潮湿的气体也会使支持瓷瓶和灭弧室瓷瓶的腔内绝缘强度降低，造成沿面放电，导致灭弧瓷瓶炸裂；动静触头接触不良容易造成较长时间的拉弧，而较长时间的拉弧产生较高的温度，致使主断路器瓷瓶炸裂；非线性电阻与动静触头并联，其特点是随两端的电压增加而电阻减小，主触头的电流迅速转移到非线性电阻上，如果异常，必然导致主触头的电流增加，断开过程中造成的拉弧产生过高的温度，使灭弧瓷瓶炸裂。

四、项目实施

1. 学习组织形式

本项目实施中,对学生进行分组,3人一个工作组。各组制订实施方案及工作计划,组长协助教师指导本组学生学习,检查项目实施进程和质量,制订改进措施,共同完成项目任务。

2. 工具材料准备

作业工具包括机车电气原理图、2.5 kV兆欧表、TY检测仪、万用表、手电筒、电工常用工具。

3. 作业要求

(1) 正确着装。
(2) 正确使用工具。
(3) 注意自身安全及他人安全,严禁违章作业。

4. 项目评价(见表5-4)

表5-4 项目评价

考核标准	考核结果
(1) 检修、维护方法符合检修工艺	(1) 4项符合要求为合格,合格成绩为60分。 (2) 有一项不符合要求,则为不合格
(2) 检修、维护质量符合标准	
(3) 做到安全、文明"生产",并符合环保要求	
(4) 不超过规定时间	
按要求完成项目作业	20分
按要求完成项目扩展	20分

五、项目实施过程中可能出现的问题及对策

1. 可能出现的问题

组装灭弧室顺序易出错。

2．采取措施

组装过程中细心，不得受外界干扰。

六、项目作业

查资料说明影响主断路器灭弧能力的主要因素。

七、拓展项目

查资料说明如何改善主断路器的触头弹簧断裂问题。

学习任务五　劈相机启动故障

一、项目任务及要求

检修与维护韶山 3 型 4000 系电力机车劈相机启动故障。
时间要求：16 课时。
质量要求：符合铁路电力机车检修质量验收相关标准和技术规程。
安全要求：严格按照成都铁路局电力机车检修工艺进行项目作业。
文明要求：认真按照成都铁路局电力机车检修工艺进行项目作业。
环保要求：自觉按照成都铁路局电力机车检修工艺进行项目作业。

二、项目分析

（一）项目任务理论

韶山 3 型 4000 系电力机车有两台劈相机 1PX 和 2PX，1PX 采取电阻分相启动，2PX 利用 1PX 出的三相电启动，劈相机不能正常启动的故障原因很多，产生的故障现象也很多，可以根据以下 4 个常见故障现象来判断：
现象一：闭合劈相机扳钮，无接触器 QRC、1PXC 及时间继电器吸合声。
现象二：劈相机启动接触器 QRC 吸合，劈相机接触器 1PXC 不吸合。
现象三：启动劈相机时，劈相机有异音，启动接触器 QRC 断不开。
现象四：1PX 启动正常，2PX 不启动。

（二）任务分析

1．基本要求
（1）各接线参照《韶山 3 型电力机车原理布线图》。
（2）检修过程中对各类继电器触头保持接触良好，无严重过热、烧损现象。
（3）各部位清洁度达到 Ⅱ 级。
（4）带电操作中注意用电安全。

2．常见故障现象
升弓合闸后，闭合劈相机按钮，劈相机起不来。

3．原因分析

（1）现象一原因分析。

① 辅机按键开关 5ZK 故障。

② 零压时间继电器 LYSJ 常开联锁（430-431）故障。

③ 劈相机按键开关 1ZKZ5 或 2ZKZ5 故障。

（2）现象二原因分析。

① 劈相机 1PX 的故障转换开关 1PXK 联锁（431-428）故障。

② 劈相机启动电阻接触器 QRC 常开联锁（450-433）故障。

③ 辅保插件 1GLZ 内部联锁（428-450）故障。

④ 劈相机 1PX 线圈故障。

（3）现象三原因分析。

① 劈相机启动电阻接触器 QRC 线圈故障或常开联锁（101-103）故障。

② 劈相机中间继电器 PXZJ 线圈故障或常开联锁（434-435）故障。

③ 劈相机启动继电器 1DYJ 内部故障或常开联锁（431-432）故障。

④ 取样电阻 1BLR 或 2BLR 故障。

（4）现象四原因分析。

① 劈相机接触器 1PXC（431-468）常开联锁故障。

② 劈相机中间继电器 PXZJ（468-480）常开联锁故障。

③ 劈相机时间继电器 1PXSJ（480-439）常闭联锁故障。

④ 劈相机故障转换开关 2PXK（439-429）运行位联锁故障。

⑤ 辅机过流保护装置 2GLZ（429-436）内部联锁故障。

⑥ 劈相机接触器 2PXC 故障。

三、任务实施步骤

故障现象一：检修过程（见图 5-5）。

【理论链接】

当 QRC 和时间继电器都无吸合声时，要对线路 5ZK 到 431 进行排查，线路为 5ZK→1ZKZ5 或 2ZKZ5→LYSJ→431。

故障现象二：检修过程（见图 5-6）。

【理论链接】

劈相机 1PX 是通过 QRC 的常开联锁（450-433）接通的，既然 QRC 吸合，就要对 1PX 线圈得电线路进行排查，检查线路为 431→1PXK→1GLZ→QRC→1PX 线圈。

故障现象三：检修过程（见图 5-7）。

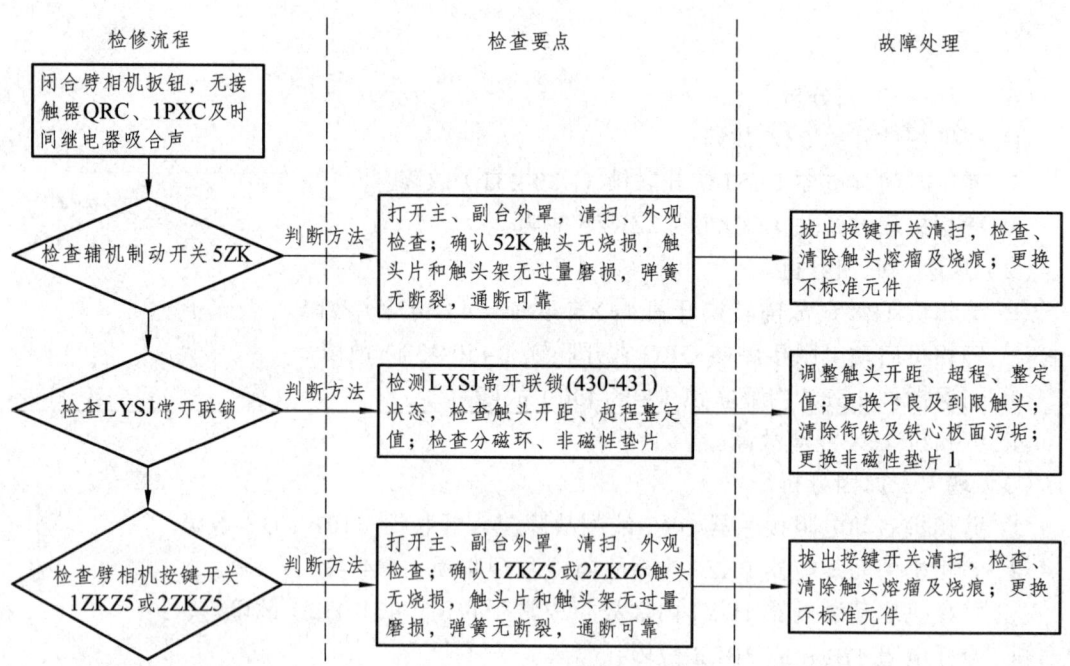

图 5-5 检修过程

图 5-6 检修过程

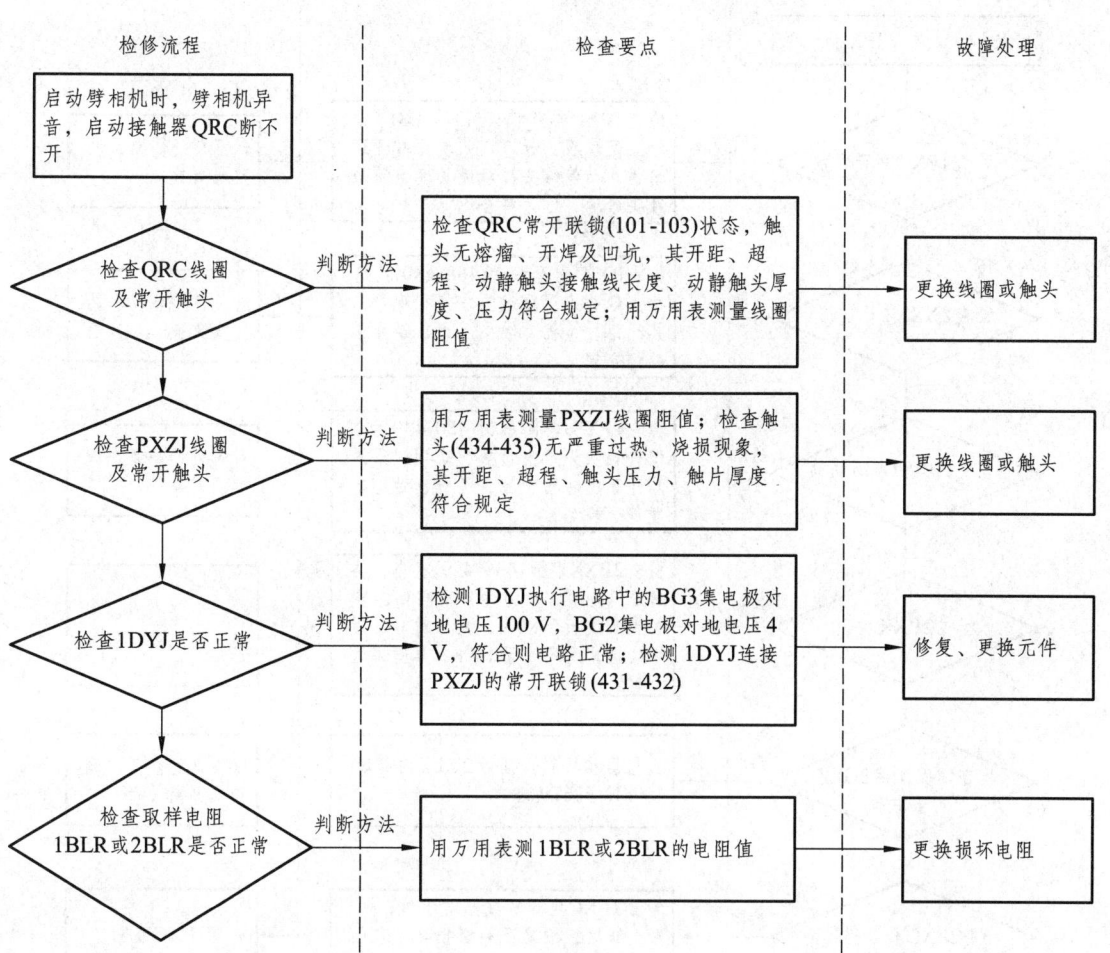

图 5-7 检修过程

【理论链接】

启动接触器 QRC 断不开，导致劈相机 1PX 完成启动后启动电阻不能正常切除，因此要检查 QRC 常开联锁（103-133），对 QRC 线圈及线圈所在线路进行排查，排查线路为 431→2PXK→PXZJ→QRC 线圈。除此之外，PXZJ 线圈的得电依靠 1DYJ 的常开联锁接通，1DYJ 相关电路也要进行检查。

故障现象四：检修过程（见图 5-8）。

【理论链接】

劈相机 2PX 的启动由 2PXC 接触器接通，因此要检查 2PXC 接触器线圈所在线路，其线路为 431→1PXC→PXZJ→1PXSJ→2PXK→2GLZ→2PXC 线圈。

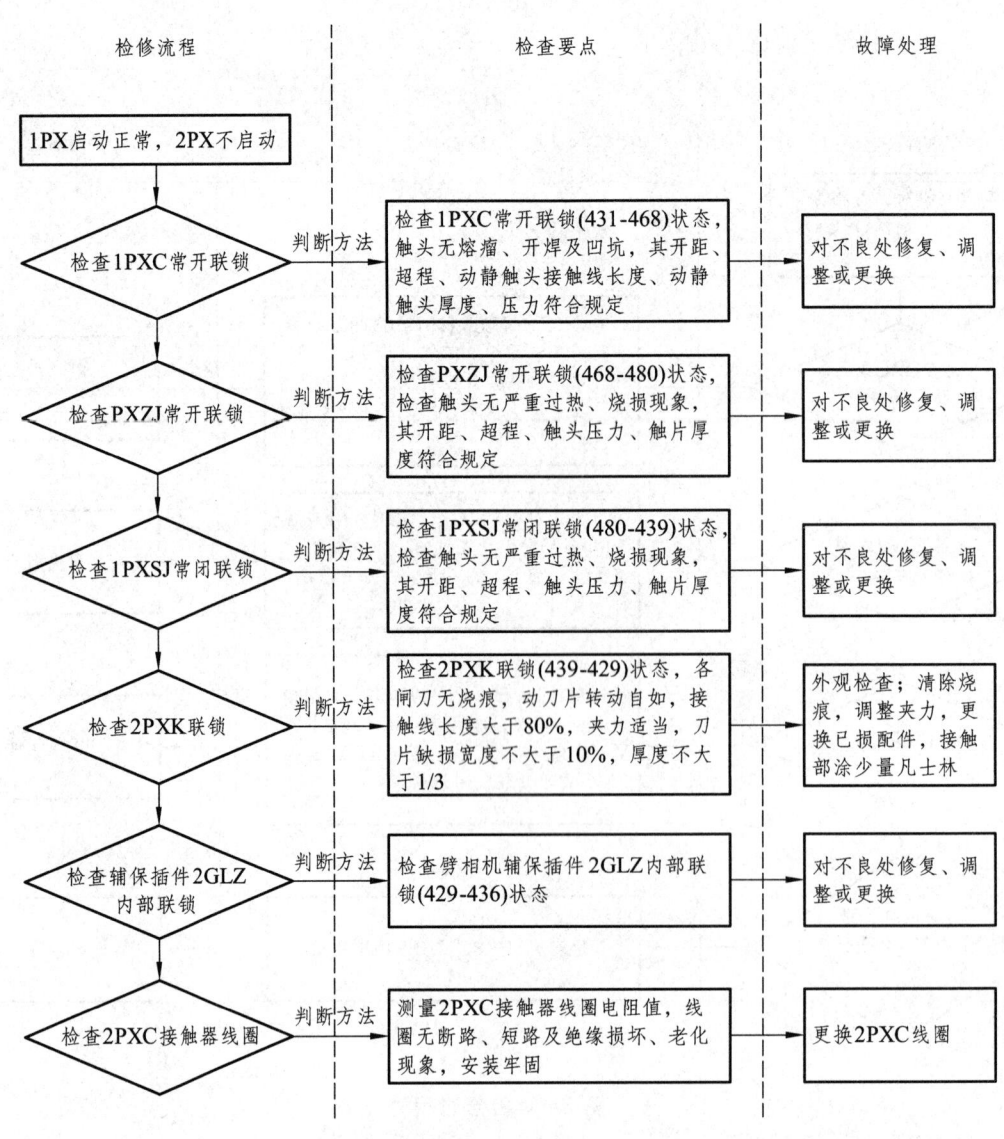

图 5-8 检修过程

四、项目实施

1. 学习组织形式

本项目实施中,对学生进行分组,3人一个工作组。各组制订实施方案及工作计划,组长协助教师指导本组学生学习,检查项目实施进程和质量,制订改进措施,共同完成项目任务。

2. 工具材料准备

作业工具包括机车电气原理图、电气试验台、万用表、手电筒、电工常用工具。

3．作业要求

（1）正确着装。

（2）正确使用工具。

（3）注意自身安全及他人安全，严禁违章作业。

4．项目评价（见表 5-5）

表 5-5　项目评价

考核标准	考核结果
（1）检修、维护方法符合检修工艺	（1）4 项符合要求为合格，合格成绩为 60 分。
（2）检修、维护质量符合标准	（2）有一项不符合要求，则为不合格
（3）做到安全、文明"生产"，并符合环保要求	
（4）不超过规定时间	
按要求完成项目作业	20 分
按要求完成项目扩展	20 分

五、项目实施过程中可能出现的问题及对策

1．可能出现的问题

并联支路或其他回路对所测量支路产生影响。

2．采取措施

熟悉电路图，防止误判断。

六、项目作业

查找资料说明运行中 1PXC 或 2PXC 连接，过分相后重新合闸有劈相机走单相或异音的原因。

七、拓展项目

查找资料说明 HXD_1 电力机车辅助电机是由哪些设备供电的。

学习任务六　辅助电路接地故障

一、项目任务及要求

检修与维护韶山 3 型 4000 系电力机车辅助电路接地故障。
时间要求：4 课时。
质量要求：符合铁路电力机车检修质量验收相关标准和技术规程。
安全要求：严格按照成都铁路局电力机车检修工艺进行项目作业。
文明要求：认真按照成都铁路局电力机车检修工艺进行项目作业。
环保要求：自觉按照成都铁路局电力机车检修工艺进行项目作业。

二、项目分析

（一）项目任务理论

由于电气设备或导电线的绝缘损坏将会造成辅接地故障，韶山 3 型电力机车辅接地采用接地继电器 FJDJ 作保护，接地保护装置被接在主变压器 x6 端的 105 导线上，作为固定接地点。支路经 110 V 控制电源后接地，实现全区域保护。当辅助电路任一点接地时，FJDJ 通电动作，使机车主断路器 QD 分闸，并在主司机台上显示辅助接地信号。同时，经接地继电器常开联锁接通"自锁"电路，保持信号记忆。

（二）任务分析

1．基本要求

（1）检查所有紧固件状态是否良好；编织导线是否完整。
（2）各线路电连接稳固，无松动、虚接现象。
（3）各部件对地绝缘电阻需符合限度要求，各部清洁符合"电力机车清洁度要求"。

2．常见故障现象

运行中机车主断路器跳闸，故障显示屏显示"辅接地"信号。

3．原因分析

机车辅接地故障的原因很多，辅助电路任一点接地时都会引起 FJDJ 动作，故而在判断时需逐一对各辅机及其他设备进行对地绝缘性能检测，从而消除相应的接地点。

（1）劈相机接地。
（2）压缩机电机接地。
（3）牵引通风机电机接地。
（4）制动风机电机接地。
（5）油泵、主变压器风机电机接地。
（6）取暖、窗加热、空调电源接地。
（7）辅助电路移相补偿电容接地。

三、任务实施步骤（见图5-9）

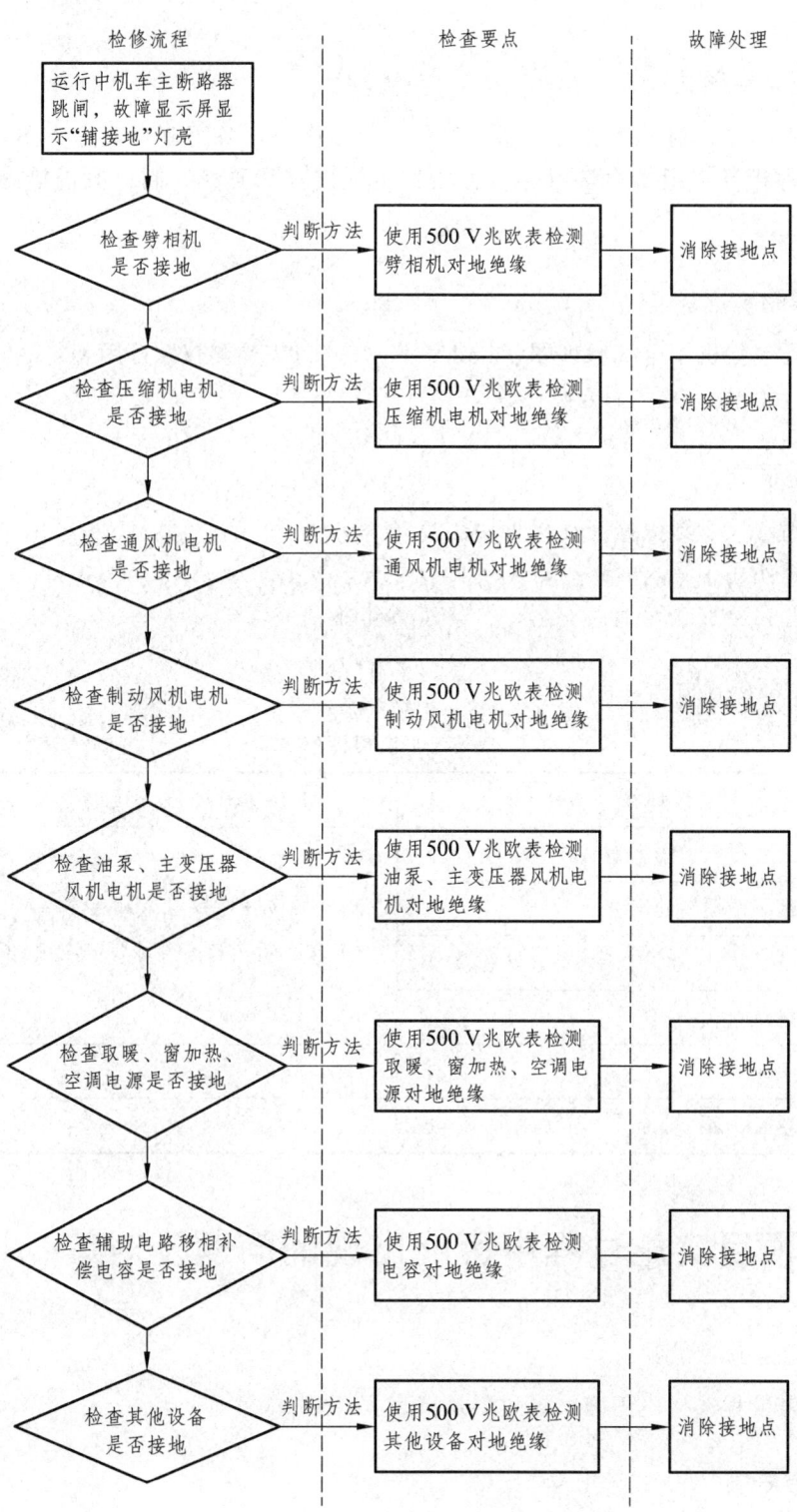

图5-9　任务实施步骤

四、项目实施

1. 学习组织形式

本项目实施中,对学生进行分组,3人一个工作组。各组制订实施方案及工作计划,组长协助教师指导本组学生学习,检查项目实施进程和质量,制订改进措施,共同完成项目任务。

2. 工具材料准备

作业工具包括机车电气原理图、2.5 kV 兆欧表、TY 检测仪、万用表、手电筒、电工常用工具。

3. 作业要求

(1) 正确着装,穿戴好劳动保护用品。
(2) 正确使用工具。
(3) 注意自身安全及他人安全,严禁违章作业。

4. 项目评价(见表5-6)

表 5-6 项目评价

考核标准	考核结果
(1) 检修、维护方法符合检修工艺	
(2) 检修、维护质量符合标准	(1) 4项符合要求为合格,合格成绩为60分。
(3) 做到安全、文明"生产",并符合环保要求	(2) 有一项不符合要求,则为不合格
(4) 不超过规定时间	
按要求完成项目作业	20分
按要求完成项目扩展	20分

五、项目实施过程中可能出现的问题及对策

1. 可能出现的问题

测量仪表量程选择不正确,导致测量仪表损坏。

2. 采取措施

根据实际参数,选择正确的量程。

六、项目作业

（1）说明直流继电器动作原理及检修工艺。
（2）辅接地保护装置是如何实现全区域保护的？
（3）"自锁"电路是如何形成的？

七、拓展项目

查资料说明 HXD_1 电力机车辅助电路如何实现辅接地保护。

学习任务七　辅助过流故障

一、项目任务及要求

检修与维护韶山 3 型 4000 系电力机车辅助过流故障。
时间要求：4 课时。
质量要求：符合铁路电力机车检修质量验收相关标准和技术规程。
安全要求：严格按照成都铁路局电力机车检修工艺进行项目作业。
文明要求：认真按照成都铁路局电力机车检修工艺进行项目作业。
环保要求：自觉按照成都铁路局电力机车检修工艺进行项目作业。

二、项目分析

（一）项目任务理论

辅助电路的能耗是机车自用电部分，韶山 3 型电力机车采用直流继电器 FGJ 作为辅助电路总的过电流保护，其动作电流整定值为 2800 A×（1±5%）。当辅助电路过流时，电流继电器 FGJ 吸合动作，其联锁触头接通 401-402 号线，使主断路器分闸线圈得电，机车主断路器分闸，同时显示"辅助过流"信号。

【理论链接】

过电流保护：当电路电流超过预定最大值时，使保护装置动作的一种保护方式。当流过被保护原件中的电流超过预先整定的某个数值时，保护装置启动，并用时限保证动作的选择性，使断路器跳闸或给出报警信号。

（二）任务分析

1．基本要求

（1）检查所有紧固件状态是否良好；编织导线是否完整。
（2）各线路电连接稳固，无松动、虚接现象。
（3）各控制线路对地绝缘电阻需符合限度要求，各部清洁符合"电力机车清洁度要求"。

2. 常见故障现象

运行中机车主断路器"跳闸",故障显示屏显示"辅助过流"信号。

3. 原因分析

发生辅助过流使主断路器分闸的根本原因是直流继电器 FGJ 吸合动作,故应重点排查以下两个原因:

(1) 直流继电器 FGJ 故障。
(2) 辅助电气控制线路中某处发生短路。

三、任务实施步骤(见图 5-10)

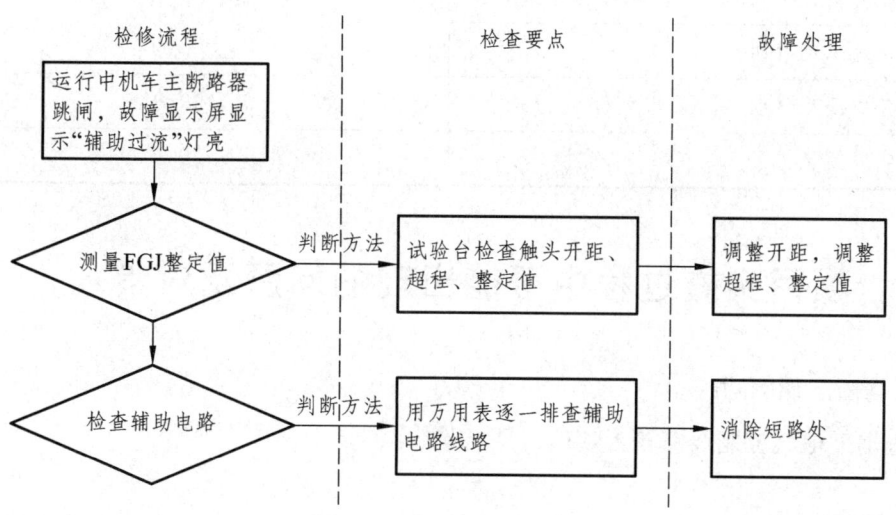

图 5-10 任务实施步骤

四、项目实施

1. 学习组织形式

本项目实施中,对学生进行分组,3 人一个工作组。各组制订实施方案及工作计划,组长协助教师指导本组学生学习,检查项目实施进程和质量,制订改进措施,共同完成项目任务。

2. 工具材料准备

作业工具包括机车电气原理图、电气试验台、万用表、手电筒、电工常用工具。

3．作业要求

（1）正确着装，穿戴好劳动保护用品。

（2）正确使用工具。

（3）注意自身安全及他人安全，严禁违章作业。

4．项目评价（见表5-7）

表 5-7 项目评价

考核标准	考核结果
（1）检修、维护方法符合检修工艺	（1）4项符合要求为合格，合格成绩为60分。 （2）有一项不符合要求，则为不合格
（2）检修、维护质量符合标准	
（3）做到安全、文明"生产"，并符合环保要求	
（4）不超过规定时间	
按要求完成项目作业	20分
按要求完成项目扩展	20分

五、项目实施过程中可能出现的问题及对策

1．可能出现的问题

排查辅助电气控制线路较为烦琐，易出错。

2．采取措施

参照机车电气原理图，分别列出电气线路线号，排查各电气控制线路。

六、项目作业

说明继电器 FGJ 的检修工艺。

七、拓展项目

查资料说明 HXD_1 电力机车的辅助过流保护装置。

学习任务八　机车零压保护动作跳主断路器故障

一、项目任务及要求

检修与维护韶山 3 型 4000 系电力机车零压保护动作跳主断路器故障。
时间要求：4 课时。
质量要求：符合铁路电力机车检修质量验收相关标准和技术规程。
安全要求：严格按照成都铁路局电力机车检修工艺进行项目作业。
文明要求：认真按照成都铁路局电力机车检修工艺进行项目作业。
环保要求：自觉按照成都铁路局电力机车检修工艺进行项目作业。

二、项目分析

（一）项目任务理论

零压保护即接触网供电失压保护，以防止供电失压后再送电可能出现的事故。零压保护由变压器 LYB（380 V/127 V）经故障转换开关 LYK 跨接在主变压器 a6-x6 绕组输出线上（104、105），LYB 次边经限流电阻 LYR、硅整流器 LYGZ 后输出直流给零压时间继电器 LYSJ，LYSJ 吸合动作后接入稳压管 LYWY（2×25 V）和保护电容 LYC，仅使 LYSJ 保持一个维持电压值（60 V）。当接触网供电失压，且失压时间大于 1 s 时，LYSJ 失电释放，并控制机车主断路器 QD 分闸，在主司机台上显示"零压"信号。同时，切断控制电路中各辅机接触器，使各辅机停止工作。

（二）任务分析

1. 基本要求
（1）检查所有紧固件状态是否良好；编织导线是否完整。
（2）各线路电连接稳固，无松动、虚接现象。
（3）各部件对地绝缘电阻需符合限度要求，各部清洁符合"电力机车清洁度要求"。

2. 常见故障现象
运行中，机车突然"跳闸"，故障显示屏显示"零压"信号。

3. 原因分析

机车零压保护动作跳主断路器故障的原因有很多，但根本原因是零压时间继电器 LYSJ 失电释放。故从导致 LYSJ 失电的原因分析如下：

（1）受电弓故障。

（2）零压变压器 LYB 故障。

（3）零压电阻 LYR 和零压电容 LYC 故障。

（4）零压整流装置 LYGZ 故障。

（5）零压时间继电器 LYSJ 故障。

三、任务实施步骤（见图 5-11）

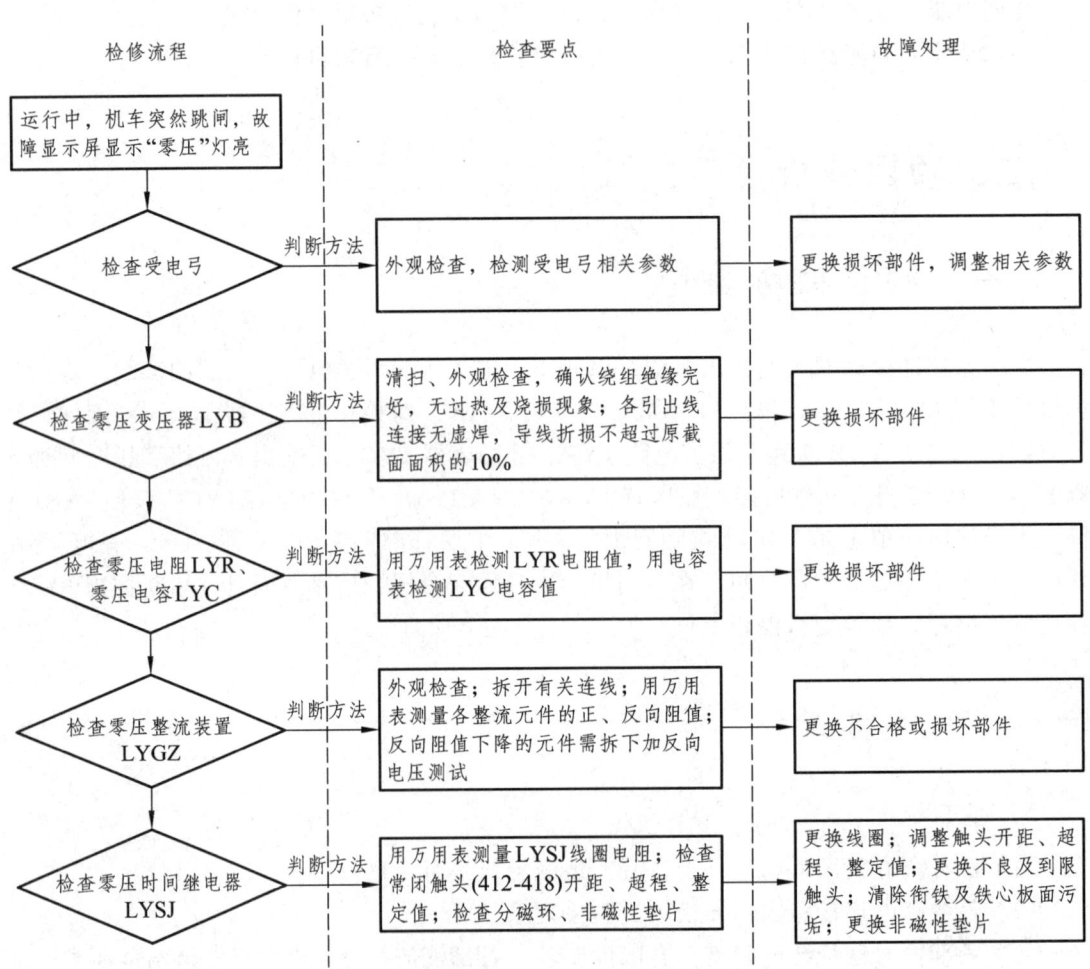

图 5-11　任务实施步骤

四、项目实施

1．学习组织形式

本项目实施中，对学生进行分组，3 人一个工作组。各组制订实施方案及工作计划，组长协助教师指导本组学生学习，检查项目实施进程和质量，制订改进措施，共同完成项目任务。

2．工具材料准备

作业工具包括机车电气原理图、电气试验台、测力仪、万用表、手电筒、电工常用工具。

3．作业要求

（1）正确着装，穿戴好劳动保护用品。
（2）正确使用工具。
（3）注意自身安全及他人安全，严禁违章作业。

4．项目评价（见表 5-8）

表 5-8　项目评价

考核标准	考核结果
（1）检修、维护方法符合检修工艺	（1）4 项符合要求为合格，合格成绩为 60 分。 （2）有一项不符合要求，则为不合格
（2）检修、维护质量符合标准	
（3）做到安全、文明"生产"，并符合环保要求	
（4）不超过规定时间	
按要求完成项目作业	20 分
按要求完成项目扩展	20 分

五、项目实施过程中可能出现的问题及对策

1．可能出现的问题

分析判断的原因只考虑供电失压，未考虑 LYSJ 失电的根本原因，以致无法判断出机车零压保护动作的准确位置。

2. 采取措施

从机车电气原理图出发，深入分析判断。

六、项目作业

查资料说明零压时间继电器的动作原理。

七、拓展项目

查资料说明 HXD_1 电力机车零压保护的动作原理。

学习任务九　受电弓升弓故障

一、项目任务及要求

检修与维护韶山 3 型 4000 系电力机车受电弓升弓故障。
时间要求：4 课时。
安全要求：严格按照成都铁路局电力机车检修工艺进行项目作业。
文明要求：认真按照成都铁路局电力机车检修工艺进行项目作业。
环保要求：自觉按照成都铁路局电力机车检修工艺进行项目作业。

二、项目分析

（一）项目任务理论

受电弓与接触网直接接触，为电力机车提供电力（包括高压牵引电机电力以及车厢照明等低压电力）。在韶山 3 型电力机车车顶共装有两台 TSG1-600/25 型单臂受电弓，分前弓和后弓，在正常运用过程中，后弓工作而前弓作为备用。升弓时，司机操纵受电弓按键开关，控制受电弓的电控阀使气路导通，随着压缩空气的进入传动气缸，促使受电弓弓头升起。

（二）任务分析

1. 基本要求

（1）检查所有紧固件状态是否良好；编织导线是否完整。
（2）各线路电连接稳固，无松动、虚接现象。
（3）各部件对地绝缘电阻需符合限度要求，各部清洁符合"电力机车清洁度要求"。

2. 常见故障现象

给电钥匙，闭合受电弓按键开关，受电弓升不起。

3. 原因分析

（1）受电弓按键开关 1、2ZKZ3（4）故障。
（2）受电弓 1、2SDK 故障。
（3）受电弓 143、144 风路塞门未开启。
（4）受电弓升弓弹簧故障。
（5）受电弓升弓电控阀 1、2SDF 故障。

（6）受电弓37、38门联锁阀故障。

（7）天窗联锁故障。

三、任务实施步骤（见图5-12）

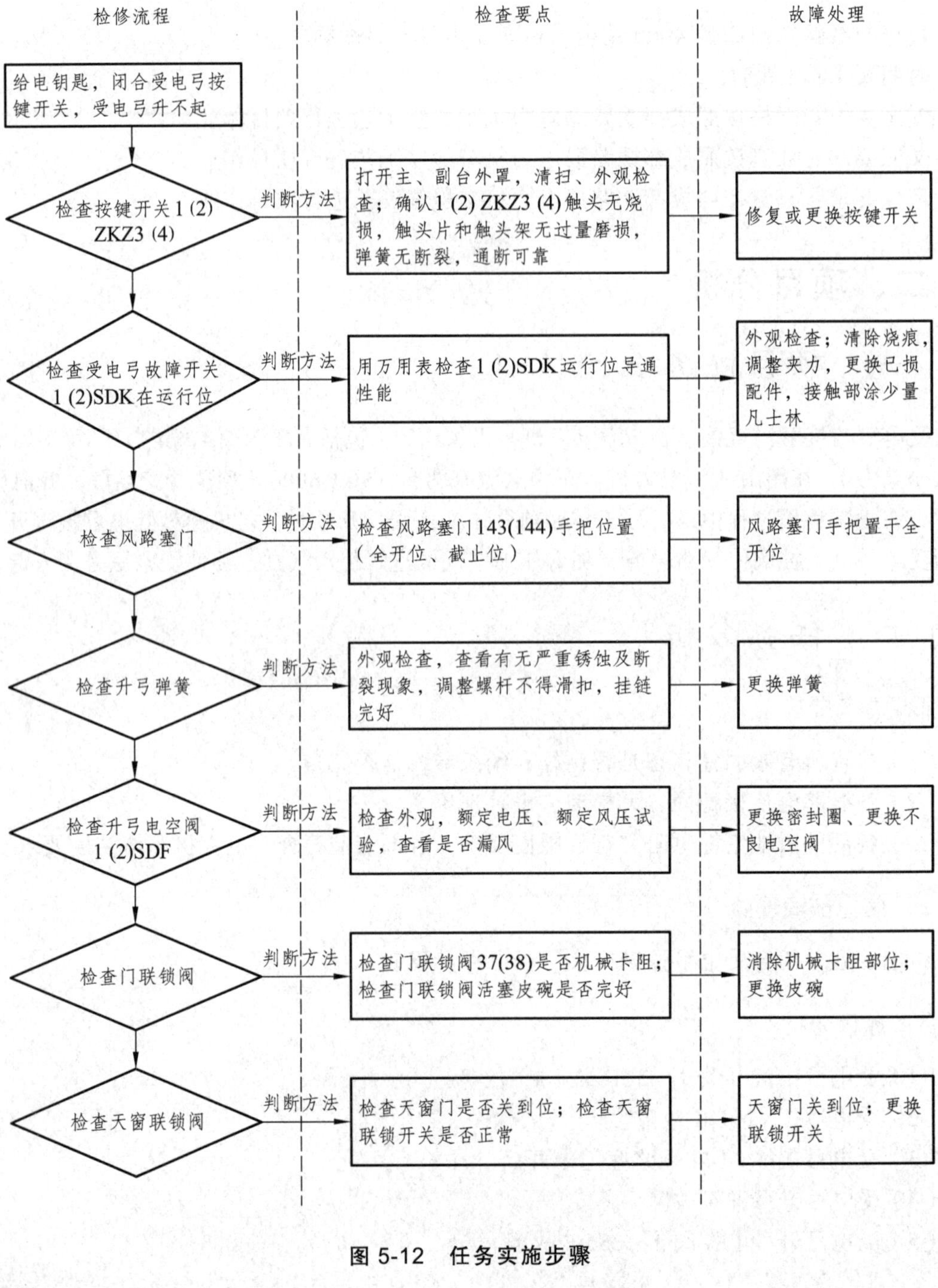

检修流程	检查要点	故障处理
给电钥匙，闭合受电弓按键开关，受电弓升不起		
检查按键开关1(2)ZKZ3(4) —判断方法→	打开主、副台外罩，清扫、外观检查；确认1(2)ZKZ3(4)触头无烧损，触头片和触头架无过量磨损，弹簧无断裂，通断可靠	修复或更换按键开关
检查受电弓故障开关1(2)SDK在运行位 —判断方法→	用万用表检查1(2)SDK运行位导通性能	外观检查；清除烧痕，调整夹力，更换已损配件，接触部涂少量凡士林
检查风路塞门 —判断方法→	检查风路塞门143(144)手把位置（全开位、截止位）	风路塞门手把置于全开位
检查升弓弹簧 —判断方法→	外观检查，查看有无严重锈蚀及断裂现象，调整螺杆不得滑扣，挂链完好	更换弹簧
检查升弓电空阀1(2)SDF —判断方法→	检查外观、额定电压、额定风压试验，查看是否漏风	更换密封圈、更换不良电空阀
检查门联锁阀 —判断方法→	检查门联锁阀37(38)是否机械卡阻；检查门联锁阀活塞皮碗是否完好	消除机械卡阻部位；更换皮碗
检查天窗联锁阀 —判断方法→	检查天窗门是否关到位；检查天窗联锁开关是否正常	天窗门关到位；更换联锁开关

图5-12 任务实施步骤

四、项目实施

1. 学习组织形式

本项目实施中,对学生进行分组,3人一个工作组。各组制订实施方案及工作计划,组长协助教师指导本组学生学习,检查项目实施进程和质量,制订改进措施,共同完成项目任务。

2. 工具材料准备

作业工具包括机车电气原理图、测力仪、电气试验台、万用表、手电筒、电工常用工具。

3. 作业要求

(1) 正确着装,穿戴好劳动保护用品。
(2) 正确使用工具。
(3) 注意自身安全及他人安全,严禁违章作业。

4. 项目评价(见表5-9)

表5-9 项目评价

考核标准	考核结果
(1) 检修、维护方法符合检修工艺	
(2) 检修、维护质量符合标准	(1) 4项符合要求为合格,合格成绩为60分。
(3) 做到安全、文明"生产",并符合环保要求	(2) 有一项不符合要求,则为不合格
(4) 不超过规定时间	
按要求完成项目作业	20分
按要求完成项目扩展	20分

五、项目实施过程中可能出现的问题及对策

1. 可能出现的问题

(1) 门联锁阀结构不清楚,无法消除卡阻位。
(2) 受电弓升弓气路不清楚,无法正确判断原因。

2. 采取措施

（1）根据门联锁阀检修工艺进行拆装和检修。

（2）根据机车气路原理图进行逐一排查气路原因。

六、项目作业

（1）受电弓只与车顶的一根接触网导线接触，如何构成一个回路。

（2）画出受电弓气路原理图。

七、拓展项目

查资料说明 HXD_1 电力机车受电弓升弓可能出现的故障原因。

学习任务十 主断路器合闸故障

一、项目任务及要求

检修与维护韶山 3 型 4000 系电力机车主断路器合闸故障。
时间要求：4 课时。
质量要求：符合铁路电力机车检修质量验收相关标准和技术规程。
安全要求：严格按照成都铁路局电力机车检修工艺进行项目作业。
文明要求：认真按照成都铁路局电力机车检修工艺进行项目作业。
环保要求：自觉按照成都铁路局电力机车检修工艺进行项目作业。

二、项目分析

（一）项目任务理论

由于主断路器的控制线路及机车分压的缘故将会导致主断路器无法合闸故障，韶山 3 型电力机车上装有一台 TDZ1-200/25 型空气断路器，它带有分断主电路的主触头及隔离开关两部分。分段时，主触头先行分断，经过一定延时后，隔离开关再行分断。待隔离开关分断后，主触头又自行恢复闭合状态，此时主电路处于分断状态。闭合时只需将隔离开关的闸刀合上即可。其分断和闭合都是通过控制电磁铁来实现的。当发生主断路器无法合闸时，故障显示屏显示"主断路器"灯不灭。

（二）任务分析

1. 基本要求

（1）各部零、部件齐全，无松动及磨损。
（2）各线路电连接稳固，无松动、虚接现象。
（3）各部件对地绝缘电阻需符合限度要求，各部清洁符合"电力机车清洁度要求"。

2. 常见故障现象

给电钥匙，门联锁动作，闭合主断路器按键开关，主断路器不动作，故障显示屏显示"主断路器"灯不灭。

3. 原因分析

（1）合闸线圈故障。
（2）零位中间继电器 LWZJ 常开联锁（N404-N405）故障。
（3）恢复中间继电器 FZJ 常闭联锁（N405-N406）故障。
（4）风压继电器 2FYJ 故障。
（5）风压不足。

三、任务实施步骤（见图 5-13）

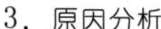

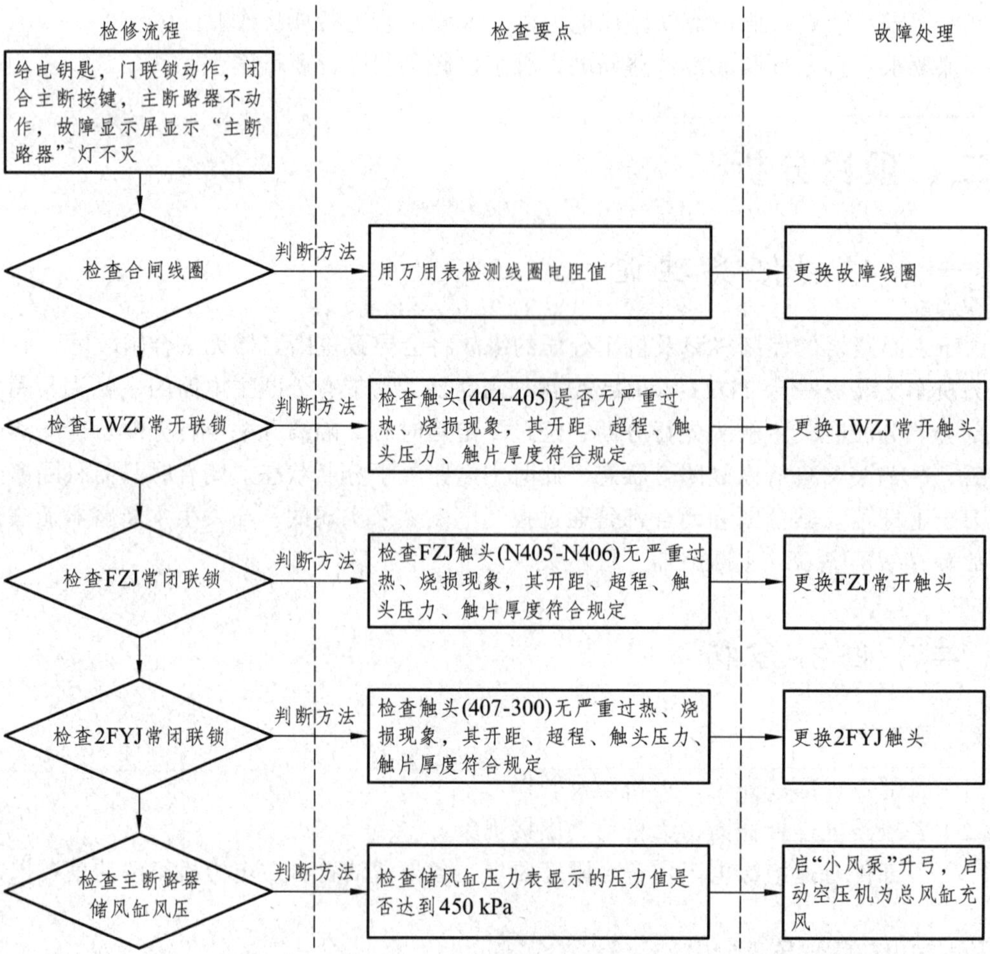

图 5-13 任务实施步骤

【理论链接】

主断路器合不上除了主断路器自身的因素外，要考虑到合闸线圈的电路路径，电路路径上的电器故障都会导致合闸故障。

线路为 1ZKZ2 或 2ZKZ2→404→LWZJ→FZJ→QDK→主断路器 H 线圈→2FYJ→300。其中 2FYJ 为风压继电器，特点是在风压达到 450 kPa 的条件下风速继电器才会闭合，因此也要检查主断器的储风缸的风压，确认 2FYJ 闭合的条件。

四、项目实施

1. 学习组织形式

本项目实施中，对学生进行分组，3 人一个工作组。各组制订实施方案及工作计划，组长协助教师指导本组学生学习，检查项目实施进程和质量，制订改进措施，共同完成项目任务。

2. 工具材料准备

作业工具包括机车电气原理图、2.5 kV 兆欧表、电气试验台、万用表、手电筒、电工常用工具。

3. 作业要求

（1）正确着装，穿戴好劳动保护用品。
（2）正确使用工具。
（3）注意自身安全及他人安全，严禁违章作业。

4. 项目评价（见表 5-10）

表 5-10 项目评价

考核标准	考核结果
（1）检修、维护方法符合检修工艺	（1）4 项符合要求为合格，合格成绩为 60 分。 （2）有一项不符合要求，则为不合格
（2）检修、维护质量符合标准	
（3）做到安全、文明"生产"，并符合环保要求	
（4）不超过规定时间	
按要求完成项目作业	20 分
按要求完成项目扩展	20 分

五、项目实施过程中可能出现的问题及对策

1．可能出现的问题

测量仪表量程选择不正确，导致测量仪表损坏。

2．采取措施

根据实际参数，选择正确的量程。

六、项目作业

查资料说明韶山 3 型电力机车主断路器的动作原理。

七、拓展项目

查资料说明 HXD_1 电力机车断路器的工作原理。

参考文献

[1] 刘友梅. 韶山 3 型 4000 系电力机车[M]. 北京：中国铁道出版社，1996.

[2] 华平. 电力机车控制[M]. 北京：中国铁道出版社，2003.

[3] 张龙. 电力机车电机[M]. 北京：中国铁道出版社，2002.

[4] 周平. 铁道概论[M]. 北京：中国铁道出版社，2007.

[5] 董亚男，陈友伟. 电力机车牵引控制技术[M]. 成都：西南交通大学出版社，2016.

[6] 莫正康. 半导体变流技术[M]. 2 版. 北京：机械工业出版社，2012.

[7] 谢家的，祁冠峰. 电力机车电器[M]. 北京：中国铁道出版社，2008.

[8] 雷金成. 韶山 3 型电力机车电气故障的判断和处理[M]. 北京:中国铁道出版社,1995.